図書館長の本棚

ページの向こうに広がる世界

若園義彦

図書館長の本棚

〈目次〉

目　次

目　次

Ⅲ　館長の本棚～２００字レビュー～

❖人の魅力、本の魅力

❖歴史を遡り、現代を問う

❖遠くて近い文化と暮らしの風景

本文トビラ・写真撮影　砂生 絵理奈
本文カット　著者

図書館長の本棚

御著書の出版を祝して

若園さんとの「出会い」は、２００５（平成17）年にさかのぼります。

当時、埼玉県立浦和図書館で企画部門の仕事を担当していた私は、新年度の図書館協議会委員の候補者を探していました。新しい委員には、これからの県立図書館の在り方についてきちんとモノを言ってくれる人になってもらいたい、そうした思いから、鶴ヶ島市立図書館長として既に数々の実績を上げていた若園さんに白羽の矢を立てました。それから4年間、委員として厳しくも前向きな発言をされる若園さんに随分助けられたことを、今でもはっきりと覚えています。

若園さんの真骨頂は、「群れない」姿勢と「ブレない」発言にあります。図書館長というのは本来そういう存在であるべきなのですが、実際には難しく、そういう方にお目にかかることはめったにありません。そこで、以後勝手に、「ザ・館長」と呼ばせていただくことにしました。

仕事を離れてもお付き合いいただくようになり、楽しく飲み語らう機会も増えていきました。そうした席でいつも感心したのは、本に対する若園さんの情熱です。

世間では図書館員は読書好き、まして館長ならば相当の読書家、などと思っていらっしゃる方も多いのではないでしょうか。残念ながら、実態は必ずしもそうではありません。本を読まない図書館員は、意外に多いのです。

このたびの御著書が書評を中心としたものであるとお聞きし、いかにも現役の読書家であり続ける若園さんらしいなと、感じ入った次第です。

今回収録されたエッセイの中に「本への敬意」という大変印象的な文章があります。リブロ池袋本店の閉店を受けて書かれているものですが、同じくリブロに育てられた人間の一人として、共感するところの多い内容です。この中で若園さんは、「すぐに役立たない知識は不要」と見なす今の状況に疑問を呈し、「一見無駄に見えるものに優れた教訓や知性が隠されている」と指摘しています。そして、「知への接近方法を探ることこそ『教養』である」と述べています。この文章に接したとき、「ザ・館長」は健在だとうれしくなりました。

今回の御著書が多くの人びと、とりわけ若い図書館員に読まれることを大いに期待しています。そして個人的には、二人で本をめぐる楽しい会話ができることを今から楽しみにしているところです。

２０１６年７月

前埼玉県立熊谷図書館長　乙骨敏夫

まえがき

かなり前になるが押井守監督作品『機動警察パトレイバー2 the Movie』を観たとき、アニメ作品ながらその状況設定と時代認識にリアルさを感じた。所属不明のミサイルによる横浜ベイブリッジ爆破に端を発した不穏な状況、これに過剰反応の相乗効果により自衛隊を治安出動させ震撼する政界、不可解な在日米軍の動き、そして自衛隊に対抗心をあらわにして右往左往する警察を重層的に描き出していた。主人公である警視庁レイバー部隊の後藤警部補と自衛隊諜報機関員荒川との間に、こんな会話をさせている。

後藤「不正義の平和だろうが正義の戦争よりは、よほどましだ」

荒川「正義の戦争と不正義の平和の差はそう明瞭なものじゃない」

そして後藤が荒川を逮捕する際に、押井はこんなセリフを後藤に言わせている。

「まともでない役人には2種類の人間しかいないんだ。悪党か正義の味方だ」と。

このセリフのインパクトは強く、今も記憶の底に残っている。

『パトレイバー2』が公開されたのは1993年、20数年後の現代にも通底するきな臭さ、胡散臭さを見通しているかのようである。

正義の味方かどうかは疑問ではあるが、私がまともでない公務員であることは自覚している。38年間の職業人生で、社会教育の畑に27年間、家業の土建業に11年間従事してきた。しかも転職数回である。土建業者になったものの理工学系出身ではないので業界用語や技術上の壁に突き当たり当惑することは日常的であった。それでも実践を積み現場から学び、先達の指導を受けて土木施工管理技士・造園施工管理技士の資格を取り現場の運営も担当した。郷里に帰ると記憶が呼び起こされる場所がいくつかある。この道路と、地面の下にある下水道も自分が手掛けた工作物だナァと思い出す。公園や、斜面を支える擁壁もそうだ。現場に立ち構造物を造った者のみが感じられる幸せなのかもしれない。もちろん、中には完成度の低さに苦い思いを呑み下すこともあるし、嫌な思いと辛かった経験もよみがえるのだが、具体的な形になったものが残り、市民の役に立っているのを見るのはモノづくりの喜びの一つであろう。

こうした経験は貴重な財産になっている。一度公務員の職を離れて民間人になった者が、再度戻るのは稀有な例であろう。公務員の世界はかなり閉鎖的で、民間出身者を特殊視する傾向があり、外部からの移入人事には相当な反発が存在している。導いてくれた方々には感謝申し上げるほかはない。学校を出た後に図書館司書、社会教育主事の職に直行し、一生を貫く職員には体験できない人生であった。この意味で〝まともでない公務員〟であると自覚している。どの程度別世界をのぞいた経験を活かせたかは措《お》くとして、仕事を見る視点が随分違ったと思う。

どの職場でも学んだことは多い。人との付き合い方、生き方、知識、立場を弁《わきま》える、礼儀を尽くすなどなど。自分より優れた沢山の人と知り合い、仕事を一緒にでき学んだことはどんな山よりも巨大であった。一方には、我欲と面子にこだわり謙虚さに欠けた、反面教師とでも言うべき人々とその群れも少なからず知っている。

そうした経験から、社会を構成する人と人の関係性について考えさせられ、知恵とは知性とはなんだろうという疑問を持った。学びとはきわめて息の長い、一生を貫くものだと思う。短期的なノウハウ獲得とは違う、人が人として生きて行くために己を高め、社会としっかり向き合うものであろう。知識が見識に転化して自分と一体化し、内面からにじみ出てくるものがあるならそれは教養と呼べるのかもしれない。そして学びが実体化して生き方に沈着していくレベルを評価する方法はどのようなものなのか、これも課題になっている。

社会教育をなりわいとして学びを学ぶうちに気づいたのは、図書館の持つ膨大な知の蓄積と広がる活用という可能性であった。職業生活の最後に念願の図書館長を務められたのは、極めて幸せなことであった。天職にたどり着いたのだと思っている。図書館が大好きな真面目な職員たちと、熱心な利用者と共に歩んだ8年間は日々刺激的で教えられ、考えさせられる毎日をすごすことができた。

本離れが深刻に語られる一方では膨大な点数が発行されている。限られた予算の中で、図書館員は何をどの様に選ぶのか苦慮しているに違いない。選書眼が問われている、新しい本への目配りは大事だが、古典と呼ばれる基本的な本とそこから広がる広大な本の裾野に挑戦しておくのも大切なことだと思う。人気テレビ番組「なんでも鑑定団」で語られているのは「目を養うには本物をたくさん見ておくことだ」と。時には意識的に読書に没頭し、苦手な分野にも思い切って挑戦して本物を見極める力量を身につけてほしい。自分の本棚を如何に彩り豊かにするか、遥かなそれでいて刺激的な読書の旅に出ていただきたい、素敵な本を片手に。

この本は大きく三つの部分からなっている。図書館と司書の在り方への提起、本と人生についてのエッセイ、そして読書ノートがわりに200字で記した書評である。どうぞ興味のあるところから読んでいただきたい。私の歩んできた道を振り返りつつ図書館での出来事、読んだ本から触発されたこと、世相感じたまま、一般的ではないが個性的な本の紹介などを、文字通り筆に随ったものであり、いわば私の本棚である。よかったらページを捲っていただければ幸いである。

２０１６年７月

若園義彦

I

館長席から見える風景

埼玉県鶴ケ島市立中央図書館全

図書館の世界を広げるために

～「できる司書」への期待～

はじめに～難所にさしかかった図書館

失われた20年とよく言われる。高度経済成長が失速して、経済活動の停滞と政治・行政の劣化、高齢化の急速な進行が実感されるようになったことを指すのだろう。国民は常に右肩上がりの上昇気流に乗っている状態から、低成長の時代を迎えて価値基準をどこに置いたら良いのか不安になってきていた。将来への展望が見えにくいことと価値観の混乱は各方面に波及して、一種の社会不安が蔓延したように見受けられる時期であった。この時代、公共図書館もその例外ではなく大きな転機を迎えている。自治体にも深刻な財政難と住民の意識変化に対応した運営が迫られ、行財政改革が緊急の課題となっていった。地域に親しまれ、子どもからお年寄りまでの広い年代に、また児童生徒や学生、自営業者、勤労者、主婦などの様々な立場から愛され利用されてきた公共図書館は運営に深刻な困難が発生している。

自治体の財政難は図書購入費の減額に直結し、新刊購入の見合わせ、新聞雑誌購読数の見直しを迫られている。図書の発行タイトル数は年々膨大になっているものの資料をそろえられないことは、利用者の声に応えることが困難になるだけでなく、将来を見越した蔵書構成や参考図書の整備にも多大な遅延を引き起こしている。さらに職員数の削減も進められ、ベテラン司書の異動転出と欠員不補充が慢性化しているため、主催事業を開催しにくい状況が生まれ、職員との協働で育ちつつある読書サークル、読み聞かせボランティアグループなどの活動停滞が懸念される。日常業務でも正常なローテーションが組めずに特定の職員に負担が集中する結果となり、疲弊感が広がっている。

こうして現場が長期的展望を持って運営するのが難しい状況に追い込まれているのを見透かすように、新自由主義的立場の首長・議会による公共経営論が持ち込まれ、委託・外注、さらには指定管理者制度が提起され、文部科学省の２０１１年度社会教育調査によると、すでに10・7％の図書館が指定管理に移行している。すべてを直営で運営するのが正しいわけではなく選択肢が複数存在するのは自明であるが、公共図書館の使命を理解しているならば、そこには公共性と歴史的正当性が語られるべきである。雇用の多様化と併せて図書館の危機のひとつとして認識すべきと思う。

次に、利用者の拡大と図書館の大衆化がもたらす予想外の事態も深刻であり、図書館の危機を形成している。公共図書館には本好きの人や子連れの母親が多く利用し、静謐《せいひつ》な雰囲気のもとにページをめくる音と、時には子どもの声が響く時代は終わり大きく様変わりしている。扉が開くのを待ちかねたかのように走り込み新聞雑誌コーナーに駆けつけスポーツ紙と週刊誌を目当てにしている利用者が少なからず存在し、近くのソファーには一日中所在なげに雑誌を手にして居眠り半分の人がおり、常連同士で何やら情報交換で話し込む人なども見受けられる。一方にはリタイア後の課題として読書席を確保し、英和辞典を片手に翻訳にいそしむ年配者の姿もある。またレファレンスカウンターで好みの作家の作品リストを求める利用者も見かけられ、司書と話し込み積極的に活用していることもうかがえる。しかしながら総じて言えることは利用目的が2極化3極化していることと、公徳心の欠如と利用マナーの低下が深刻化していることである。本や雑誌の無断持ち出し、切り取り、汚損、返却の遅延は常態化し、片方には自己中心的な要求の押しつけ、職員への強要行為はまま発生している[1]。こうした事態は不本意ながら監視カメラの導入や規制強化を招き、結果的に図書館の自由を危機に陥れかねない利用者倫理の欠如であり、不本意な対策をとらねばならない結果に直結すると言わざるを得ない。これも危機である。

本稿は前述した2点の問題意識から、図書館職員、なかでも司書の持つべき資質についていくつかの主張と提案をしてみたい。それは専門職としての役割を果たす上で、基礎的な知識とそれを発展させる能力を持ち、図書館の固定的な常識にこもるのではなく時代の要請に応えながら先を見越して仕事を進めるのに必要な力量形成を期待するからである。

民主主義をかたちづくる

まず、戦後の歴史的文脈に図書館がどのように位置づけられ、発展し市民生活に定着し、時代の流れのなかで変化を求められてきたかを問い直してみたいと思う。次に、司書の社会観・歴史観の確立を求めていくべきであるとの観点から教育基本法「改正」問題にふれておきたい。２００６年12月15日臨時国会において可決成立、12月22日に公布・施行された「改正」教育基本法は優れて憲法の問題であり、ともすれば思考の外にありがちな国家観が問われるところから、これに関わる考察をする。

これらをふまえて図書館現場の現状を探るなかで、図書館職員、特に司書の資質について、公共図書館が属する自治体の行政にどのように位置づけられているかを人事面からも探ってみたい。この視点から、司書の資質を公務員として当然身につけるべき知識、事務処理能力と、専門職としての能力・知識に分けて解明をはかる。

公共図書館をとりまく危機は深化し、運営の形態、雇用の多様化など事態の悪化は急速で憂慮すべき域に達しているが、２００５年の第17回全国生涯学習フェスティバル参加事業「進化する図書館〜その豊かな可能性を求めて」における片山鳥取県知事（当時）の講演には将来への希望をつなぐ力強さがあった。氏は「図書館は民主主義のとりで」というテーマで講演し、自治体の財政難は政府の指示で景気浮揚策として公共事業をやり、その費用は交付税で措置するからとされていたのに返還のピークになったら交付税が削減されたからで、図書館のせいではない。「『図書館は民主主義のとりで』というのは、（中略）知事という仕事をしていまして、地域経営をやっていましてつくづく思うんです。我が国を民主主義の国にしようとおもったら、図書館のような知的拠点が絶対に必要不可欠だ」(2)と述べている。かなり以前の話ではあるものの、自治体首長の中にも見識のある方がいることは、事態の推移を悲観的に見るだけではなく、将来的には希望の光も見えつつあると、確信を持って付言しておきたい。

図書館には、資料や情報に関して様々な要求が寄せられる。司書がこうした要求の、時には曖昧な話から核心に迫っていくには、正確な聞き取りと、情報を引き出す技術に加えて、内容を理解し想像力を働かせるに足る基礎的な知識と知的ひらめきが必要である。それに不足している実例は少なくない。選書も同様であるが、知的力量が問われる。その意味で基礎的普遍的な知の力を探る入口を考究しようとするところから、「教養」の意義と意味を考えていきたい。

1　図書館の役割の変化と司書

図書館は変わらざるを得ない

公共図書館は時代の移り変わりを反映して、指導的理念が大きく変化してきている。1960年代に〝中小公共図書館こそ公共図書館のすべてである〟と宣言した「中小都市における公共図書館の運営」[3]が発表され、これを実践した各図書館の経験を総括し、理論化して、①貸出重視、②徹底した児童サービス、③市内全域へのサービス網構築を掲げた「市民の図書館」[4]が公表された。この画期的な提起を受けて、当時の高度成長期のすべてが伸張する時代性も追い風となり、公共図書館は飛躍することになる。

その後、〝はじめに〟で指摘したように社会的変化に伴い、図書館運営方針の見直しが迫られるようになる。２００６年３月には、こうした時代の要請をふまえて図書館運営についての研究協議の結果がまとめられ、公表された。それによると「地方分権が進む現代の社会においては、それぞれの地方公共団体が独自に情報収集を行い、現状判断や政策立案を行なうことが必要になってきている」から、住民が政策的判断を迫られる局面では「必要となる多様な資料や情報を提供する役割を担う」べきであり、「図書館は地域の行政や住民の自立的な判断を支える情報提供施設としての性格」(5)を持っている。それにとどまらず「図書館は、知の源泉である図書館資料を提供して、住民の読書を推進し、基礎学力や知的水準の向上に欠かせない重要な知的基盤であり、ひいては地域の文化や経済社会の発展を支える施設」(6)であると強調する「これからの図書館像」は、当時新たな指針として強い刺激になった。その後の急速な事態の変化は、さらに別な視点をも求めている。

社会は一層高度化複雑化している。膨大な情報と資料が地球上を飛び交っている。市民と行政はこれらを選択し読み解き活用して、政策決定し地域を形成する責任を負っている。その情報基盤となるのが誰でも資料や情報に接近できる公共図書館であることは前述した通りである。それ故に多様な資料や情報の検索整理に当たる専門職としての司書の力量や見識が問われる。情報環境の進化を理解し、資料と情報を収集し整理し、地域での生きた利用に供する責務はきわめて大きい。知的資産の拡大は、新たな活動分野の創造にもつながる。図書館で待つのではなく、地域の実情と住民の現状、意識、生活実態、経済産業、地域環境などを的確に把握して、知的資産の拡大に努めることが求められる。

文書館的役割も

さらに、行政文書の保存整理にも特段の取り組みが必要である。情報公開への対策上、保存期限終了後速やかに廃棄する傾向が強まり、さらに保存書庫の狭隘《きょうあい》を理由に行政文書の廃棄が進み、5〜10年前の行政行為の流れや意思決定の過程が、判りづらくなっている。行政の複雑化が進行し、電子化によりペーパーレス化が進むどころか、むしろ書類の増大が現場で実感されている。

市町村合併により庁舎の統合はその傾向に拍車をかけ、小規模町村の記録消滅はさらに深刻化している。合併による地名の変更と小字《こあざ》名の消滅は、その地域の歴史亡失につながっている。その意味では行政文書、郷土資料、古文書などの収集整理保存と活用策を講ずる役割も求められそうである。

一方では図書館から行政への情報発信も重視したい。ともすれば一般行政から特異視されがちな職場であるからこそ、資料と情報の提供により信頼感を高め、必要性を業務上からも認識してもらうのは有意義である。

図書館現場では、利用層と利用目的が大きく変わり、教育機関としての認知を前提とした対応や運営では、現実との乖離《かいり》が大きく、苦慮する事態が少なくない。利用目的が多極化し、その要求すべてを満足させるのは困難である。「本や雑誌を読みたい」「子ども向けの本を探しに」「読書相談に」「レポートを書くための資料を探しに」「思い出の歌の題名を知りたい」など従来の図書館の枠内の利用と、「時間つぶしに」「行くところが無いから」「漠然と」「冷暖房完備だから」といった利便施設的な発想での利用がある。前者の中にもより高度なレファレンスサービスを求め、特に事業のヒントや特許情報を求め、あるいは起業の方法に関する資料や情報を求める例も増えつつある。

それだけに知的基盤としての図書館を運営する上で、専門的力量を発揮すべき司書の役割と期待は大きく、資質が問われるのである。単なる物知り、訳知りではなく、本の虫でもなく、自己を確立して歴史観、社会観を持ち、知識への畏敬を備えた司書であるべきと考える。

専門的領域や得意分野を持ち、それを常に向上させる意欲と実行力を備える常に成長する存在もまた貴重になる。その意味を次節以下に提起していきたい。

2 歴史観を磨く

教育基本法制のもとで

２００６年12月15日、参議院本会議は教育基本法「改正」案を可決した。１９４７年制定以来、実に59年を経ての「改正」である。

いじめによる児童生徒の自殺、不登校の増大、対教師暴力など不安定な学校、取りざたされる学力低下など教育が問題視され、連日のように報道され、語られている。そのたびに政財界の有力者も、草の根の保守主義者も、今日の教育が悪い、教育基本法に問題があると声をそろえている。

本当に教育基本法の問題なのだろうか。愛国心や道徳心の欠如まで教育の問題であり、教育基本法の欠陥であるとされるのだろうか。国を大事に思い、故郷に郷愁を抱くのは何も教育でたたき込まれたり、まして法律で縛られる性格のものではあるまい、自然の人間的発露であろう。「いまの教育に様々な問題があるのは確かだ。（中略）しかし、そうした問題は教育基本法が悪いから起こるのか。教育の問題を法律の問題にすり替えていないか。きちんと吟味」[(7)]するべきなのである。

同時にこの「改正」問題がいわゆる「教育再生」と連動している。第1次安倍内閣が「教育再生会議」を内閣府に設置したことに注目したい。国家主義的な教育改革を推進し、空虚な「美しい国」の実体化を教育面から支える仕組みになりかねない。これまでの公的に保障され、住民本位に進められてきた、またはそうしようとしてきた教育の営みそのものを「教育基本法改正論は、教育改革論と一緒に議論され」「それは行財政改革論の一環としての教育改革」であり「何を変えようとしているのかというと、官僚支配や法や規則にがんじがらめに縛られているものを緩和して、むしろ市場の原理で自由化する、これまで公的なもので縛られていたものを民営化する」[(8)]新自由主義的な路線であることにも注目すべきであろう。

この問題は図書館の側から見ると戦後の図書館のあり方、生成のあゆみから、住民に開かれた存在と運営の在り方そのものに関わる、根本的な問題である。図書館法が教育基本法を根幹とする体系に属し、その理念を色濃く受け継いでいるからである。「図書館は憲法─教育基本法─社会教育法を母法とする『教育機関』という位置づけが明確な制度」(9)だと規定される。図書館法第1条(この法律の目的)は「社会教育法の精神に基づき、図書館の設置及び運営に関し(中略)もって国民の教育と文化の発展に寄与することを目的とする。」と述べ、社会教育法は同じく第1条で「教育基本法の精神に則り」と一層明確に述べている。

つまり「ノーサポート、ノーコントロール」の原則である。国民の自由な学習活動が自主の精神のもとに展開できるよう国や自治体は援助するべきで、干渉してはならないことを意味する。

さて、図書館現場では予算も人員も削減され、職員は精神的にも肉体的にも疲れ切り閉塞感が強まっている。運営を改善し、新規事業を立ち上げ、あるいは研修を深め資質を向上させたいという願いは、自覚的な職員ほど強く持っている。一方に締め付けと公務員バッシングがある中でいい仕事がしたい、常に住民本位利用者本位の図書館でありたいという使命感が現場を支えていると言える。この事態を打破していくには、自治とは何か、市民の成熟とは何かが問われる。専門性を高め自己研鑽していくうえで、基本に立ち返り、住民本位の仕事の意義と公務労働の意味をとらえ直す必要があろう。同時に現在の政治的傾向と位置をよく見極めるべきである。

前述した教育基本法体系の背景たる憲法を学び直し、教育基本法「改正」は憲法「改正」に直結する動きの中にあり、戦後の教育・文化の成果や流れを大きく転換させるものであり、その一端に現場の困難も生じていることをしっかりと見極めるべきであろう。

時代に向き合うと

ここで憲法改正を論じるには、日本という国家がどこに向かうのか、どんな国家にしていくのかという国家論・国家観が問われていることを理解せねばならないのである。日本人の国家観の曖昧さ、あるいは思考停止状態についての批判は枚挙に暇ないが政治学者・尹《ユン》建次《コオンチャ》による「日本人の精神構造、あるいはその一部をなす感性とそれに基礎をおく天皇・天皇制の存在問題までも問う新しいパラダイムの模索が必要である。」(10)との指摘は鋭い。また「現代日本において、国家について論議する際、国家が何故存在しなければならないかといった探求から始めねばならないことが、今日の日本の思想界の不幸を物語って」おり「現代日本にとって国家そのものが本当に必要か否かを、分別を備えた大人が本当に疑問を感じて論議するとなるとそれはやはり異様な光景」(11)である、とまで強調されるのは、個々の政治現象や政局に目を奪われ大局的に歴史からの判断、社会の深部からの流動化への考察が不足していたのではないか、と問いかけがあるからである。

戦後図書館は憲法の教育を受ける権利を制度的に保障する機関として再出発し、すべての資料を市民に提供し多くの先進的実践が知る権利を実体化してきた。いわゆる「中小レポート」(12)(1963年)や「市民の図書館」(13)(1970年)に導かれ、現代的には「これからの図書館像」(14)(2006年)が指針として大きな役割を果たしていくであろう。しかし、ここで問い直さねばならないのは、前述した憲法をめぐり鋭く提起される国家論国家観を図書館の側、社会教育の側、とくに専門的職員は問題として意識し向き合ってきたかということである。資料や情報の提供、学習機会の提供といった日常の実践の場で自分の中にこうした問題意識を抱え、自己に問いかけ、学習を深めたであろうか。優れた実践や献身的な仕事、住民本位の施設運営に努める一方で、個別的課題の認識と対応にとどまり、実践の社会的意義とそれを理論的にどのように位置づけるのかが、十分意識されてこなかったのではなかろうか。つまり、個々の現場や自治体での視点にとどまり、将来的に地域や生活点をより広い社会、国づくりにつなげる思想が不足しており、その観点からの事業評価、実践評価に結実させられなかったのではないか。

市民の学びとは

政治学者の松下圭一は、従来の社会教育行政に批判的な観点から好意的とは言えぬ問題提起をしてきた。そのなかでは「文化水準のたかくなった市民を『教育』するといった時代錯誤の社会教育行政、自立する市民文化活動と対抗する生涯学習行政では、自治体政策全般にわたる文化行政にはとりくめ」(15)ず、だから「文化行政というかたちで（中略）各自治体がとりくむという段階を迎えた」(16)のだと主張している。松下の論理には市民の自主的活動と行政での学習機会の提供を敵対的にとらえていること、文化水準の高低を論じる基準が明示されていないこと、大都市と地方との差違という現実に目配りがされていないことなど、疑問は少なくない。しかし一方で、社会教育実践の弱点を突く形で一石を投じた論議としては興味深いものがあり、こうした提起に相当数の自治体首長が魅せられ、社会教育行政の少なからぬ部分を首長部局に移管し、結果的に教育委員会が学校教育に特化する傾向に拍車をかける流れの嚆矢《こうし》となったことは指摘しておきたい。

国家論に戻れば、明治維新期には独立の危機感からか国家観についての発言が多彩である。福沢諭吉に関し丸山眞男は「『一身独立して一国独立す』で、個人的自主性なき国家的自立は彼には考えることすらできなかった。国家が個人に対してもはや単なる外部的強制として現れないとすれば、それは人格の内面的独立性を媒介としてのみ実現されねばならぬ。福沢は国民にどこまでも、個人個人の自発的な決断を賭して国家への道を歩ませた」(17)として個人の自立と自覚を説く。民権論者・植木枝盛について北田耕也は「国家の制の廃止という考えが植木の所論の前提にある。それは目下の世界情勢のもとでは無理であろうが、当面『万国共議政府』を設けやがて国家の制を廃することができれば、人は自由をえて『至美世界ニ訴楽スル』こと」(18)になるだろう、と明治の思想家の先見性を論じている。

戦後このような国家のありようが一時期を除き闊達に論ぜられなかったのは、占領期経済成長期などの経緯の中で論じさせない、論ずる必要がないという雰囲気が醸成されてしまったからではなかろうか。その一助になったのが政治的思惑からか、学校教育の場で戦後史どころか昭和史自体が十分に講じられず、歴史認識を養ううえでの基礎が育てられなかったことがあげられよう。

歴史とは劇的である。それだけに資料と情報の収集整理提供を業とする職員は、その意味を再考する時期に来ている。要求に応じるのみでなく公共性の価値観による図書館サービスの理念を確立すべきである。「いったい図書館は市民に何を提供しているか（中略）提供する資料の中身が何であるのか、その資料提供によって図書館サービスはどのような効果をもたらしているのか、これらを市民に向かってはっきりと語らない限り」[19] 公共図書館の存在意義を市民に訴えきれないのである。

38億年の歩み

歴史観は社会観にも通ずる。基礎的な認識の積み上げのなかから、大事なものとそうでないものを見極めて、応用問題の解ける力量をつけていかねばなるまい。教育の公共性は教育そのものの持つ本質と関わっていて、文化や真理は特定の人物や集団の持ち物ではなく人類の共有財産であるところにある。自分の身につけた学問や知識は広く社会のものとすることによって役立つ、そこに公共性が存在することを知るべきである。この意味で歴史の文脈を読み取る力は大きな意義を持つ。

それだけに、図書館司書は歴史的存在としての資料と事実の集積から真実を見抜く位置取りを忘れず、同時に幅広く基礎的な読書の量を増やして、自己の素養を高める努力が求められるのである。

教養とは知識の量や、単なる「物知り」「訳知り」ではない。38億年に及ぶ生命誕生以来の記憶が刷り込まれている。長大な人類の歩みとしての歴史があり、そこには無数の経験が教訓として蓄積されている。それを受け止められるか、直視できるかに歴史観が問われるのである。知識を自己の内面で高め、時代から学び見識に昇華させられるか、とも言える。今日と直接的に接しているのは昭和史であるが、その教訓は国家意思の決定過程の不透明さと、統治責任の希薄さであろう。加えて戦後教育では昭和史が教えられてこなかったことと併せて国家の姿、その本質が非常に見えにくくなっているのであろう。公共図書館の司書は公務労働者でもあり、真理に謙虚であろうとする者でもある。この点で権力と対峙せざるを得ない局面も想定されるなら国民国家の溶融も語られている今日、歴史観に裏づけられた国家観・世界観を持たねばならないのは自明である。

3　図書館職員の資質と教養

公的な研修と雇用形態

司書の資質については数多くの見解と提起がされている。図書館の機能を充実させていく上で司書の位置と役割はきわめて大きく、コレクションの質と共にその図書館の評価に直結すると言っても過言ではない。それだけに司書自身も設置者も資質や能力の向上に意を用い、多くの研修、技術習得の機会を設けている。文部科学省は図書館司書専門講座（12日間）、新任図書館長研修（4日間）などを開催し[20]、日本図書館協会も中堅職員ステップアップ研修、図書館政策セミナーなどを開催している[21]。

現在でも前記研修は継続されており、文部科学省教育政策研究所社会教育実践研究センターでは新任館長研修の5講義をコンテンツ化してWeb上で公開している。日本図書館協会は、認定司書制度を設けて図書館運営の中核を担いうる専門的力量と司書の地位向上を目指している。公共図書館では一口に司書といっても、正規職員か嘱託職員もしくは臨時職員かという雇用形態の違い、首長部局採用か教育委員会の専門職採用かという採用時点での違い、さらには館長等の管理職か一般職員かという職位職階の違いが存在している。そしてここには当然のことながら、意識や知識の差違があり責任の軽重が存在する。

同時に図書館は司書だけで組織され、運営できるわけでないことも事実である。たとえ専門職制度が確立されている自治体の図書館においても、事務系職員と司書が混在して一体となって業務を遂行しているのが現状である。自治体により違いはあるが、多くの自治体では司書といえども採用と身分は一般行政職であり、首長の見識と政策上の位置づけ、教育委員会の独自性の程度により人事異動には一定の配慮はあるにせよ通常の流れで処理される傾向にある。さらに直営の場合でも正規職員、嘱託職員、臨時職員に加え、清掃・警備などの一部外注の職員が常駐している。

指定管理者、ＰＦＩ、一部委託となると組織実態はさらに複雑化する。指揮管理系統は錯綜し、職場の雰囲気は変わってくる。所属と系統の違う職員の混在は、一体化の大きな壁となることが想定される。それぞれの職分と責任に見合う資質は、必ずしも同じではなく、実態に見合った資質を期待し、研修機会を設け、指導育成していかねばならない。

図書館は司書だけでは運営できない

一例として筆者の所属していた図書館は２０００年代初頭には、中央館と地域分室6館で構成され、職員数は正規20名、嘱託員7名、臨時職員28名の55名が所属し、臨時職員のうち10名は小中学校の学校図書館に配置されている。このうち司書有資格者は正規で12名、嘱託員は全員が、臨時職員は原則司書有資格者を選考の条件としているためほぼ全員が司書であった。

退職後の現在は、大きな変動があり指定管理に移行し、昔日の面影は失われつつある。

当時の採用形態は、事務系職員は市長部局採用が当然であったが、司書では教育委員会の専門職採用で採用された者と市長部局採用者が混在していた。総じて会計処理、人事管理、施設管理を軸に仕事を分担する事務管理部門と、窓口業務、レファレンス、選書・読書相談などを主たる任務とする図書館サービス部門とに大別して運営していた。ここで注目したいことは、人員の絶対数、司書の数である。運営実態からサービス部門のすべてを司書が担当するには無理があり、事務系職員がその相当部分を担い、逆に発注伝票の処理や会計処理を司書が行ってもいたことも見ておきたい。

司書の二つの要素と図書館を支えるもう一つの力

清掃と館の管理を担当する業務は一部を委託していた。清掃に当たっていた職員はいずれも比較的高齢の女性であったが、責任感と誇りに満ちて館内外の清掃に尽くしていた。早朝から夕方まで効率よく動き回り、この図書館を陰で支えているのは自分達である、というプライドを持って仕事をしてくれていた。その姿には頭が下がる思いであった。利用者にとっても清潔で快適な空間での本探し、読書、滞在は喜ばしいことである。警備、施設管理における点検整備、保守管理などでは技術的課題が多く、規定基準に見合った専門業者に委託せざるを得ない。見えないところで図書館を支える人々の存在を確認しておきたい。

司書だけで奉仕業務をカバーできない傾向は、少なからぬ公共図書館に共通している。こうした実態から、資質を論じるには図書館職員一般を考慮する場合と、司書に限定する場合とを、時には統合して、時には分離して問題設定をしていかねばならない。

従来事務を軽視し、その習得を軽視する傾向は図書館に限らず専門職の習い性となり、行政の職員からは反発と特別視が返ってきていた。政策的な取り組みや予算折衝のみならず、日常的な接触においても、教育機関の位置と意義をきちんと説得しきれず、「社会教育の人間は行政が解っていない」、「金を使う一方で、現実的な行政課題にも目を向けるべきだ」、逆に「役所の連中は教育や文化に無理解だ」とお互いに不信感の増幅になりかねないケースは少なくない。ここに法律や制度、行政指導、補助金、交付金などの縛りによる国の下請け機関的な性格を自治体が持たされていた歴史に加え、首長に直結して施策を実施して即結果を求められる立場にある行政職員と、比較的長期的視野から住民と共に学びを築き上げていく、非権力的手法を得意とする社会教育系職員との違いが現れていると言えよう。

こうした現場実態から、司書の身分については以下のように整理して考えていきたい。

公共図書館の司書は、

イ　地方公務員としての身分を保持し、自治体職員であること。

ロ　教育機関の専門的職員であること。

の2点である。

さて、イに関しては公務労働の本質と市民自治の関係に注目し、公務員が何のために誰にどのように奉仕していくのか、そのよって立つ基盤は何なのかについてよく考えることである。

さらに、関係する法令や条例・規則に精通し、法と道理に則り正確にして堅実な事務処理を行うようにする。地方公務員法、地方自治法、同施行令、自治体の会計規則、財務規則、組織規則、事務決裁規則、服務規程などは身につけておかねばならない基本的な知識である。文・教育系学部出身者には苦手な分野であろうが、市民によりよく奉仕し、適正に業務を執行していく上では欠かせない。法令を理解し、住民本位に解釈し、事務を正確にこなしてこそ、周囲の同僚からの信頼を得て住民の利益にもつながるのである。

施設としての図書館を維持運営し、教育機関としての機能を十全に発揮させていくために、年度が始まる前から各種委託契約の準備行為、配当予算の具体的配分、担当の配置、事務分掌、勤務ローテーションなどを決定し、必要な事務処理と決裁をすませ、職員間の調整をはからなければならない。年度替わりで人事異動があれば、役割分担の変更、ローテーションの組み替え、臨時職員の配置変更などに加え、新年度事務が相当量発生する。当然新年度の方針の決定と徹底も必要であり、行政方針・教育行政方針との整合性をはかり、教育委員会と協議し了解も取らねばならない。教育機関といえども、自治体の行政機構の一部ということは忘れてならない側面である。

市民本位という考え方

これらを単に事務的な整頓としてとらえず、市民本位、利用者へのサービス向上の観点から整理し、より発展的方向にせめぎ合いながら成立させていくのである。その際には、市民の利益を前提に必要な行政実務テクニックを駆使して、時には職制上の優位性を利するなどの、現実的実務能力の発揮が求められるのである。

この意味で公務員、自治体職員としての基本的な知識、行動形態を学び、身につける努力が求められる。

ロについての研究や分析はきわめて多様である。そもそも図書館サービスの意義から考えるなら、「図書館員の仕事は価値創造的」だから「図書館法が教育法の体系に位置づけられ」ているのは教育が過去の価値を次世代に伝承するだけではなく「新しい価値を創造しうる世代の養成にあることを受けていると解するべき」とする指摘はきわめて示唆に富む。これは図書館が資料の収集、保存、提供にとどまらず未来へ向けての教育的役割を担い、図書館職員は価値創造に自覚的に取り組むべきとしているのである。

図書館情報学研究者の薬袋秀樹は司書の資質に関する見解を1960年代から1990年代までの10件の研究について紹介し、分析している。その結果を以下のようにまとめている。「これまでの分析から、下記のような、図書館業務の根本理念1項目、特に司書に必要な基礎的能力10項目、すべての職業人に必要な能力8項目」が明確になったとして、19の項目をあげている。「特に司書に必要な基礎的能力」のうち重要と思われるものをあげると、

⑥利用者と資料の基盤である社会、地域・自治体、市民生活の理解
⑦一つの学問の体系・方法論の理解
⑧読書と資料の重要性の理解、広範囲な読書と資料に関する知識
⑨調査研究の経験、その必要性と効果の理解
⑩実際の図書館理解、改善案や将来構想の作成

である[23]。さらに基礎的能力についての説明として「司書には図書館情報学の知識と基礎的能力の二つが必要である」[24]と述べている。

これらの指摘から司書の能力は情報理論、情報処理技術、図書館の管理・運営、資料の整

理技術などの図書館情報学の修得にとどまらず、より広い学識と実践力の融合にあることが明らかになった。薬袋が司書に必要な能力と並び職業人として必要な能力をあげているのは示唆的である。公務員としての司書が狭義の専門的力量だけで、地域の教育機関である図書館の機能を全面的に発揮させるには、現実的にかなりの無理があるからである。それは前述したように、一つの機関一個の組織を機能的に、しかも住民本位という思想を持って運営していくためには事務能力、調整力、政策形成能力などの、多面的総合的な能力が求められるからである。さらに、地域社会の民主的発展を図るための政策形成への参画、コスト意識を含む経営感覚、危機管理能力なども期待される傾向が強まっている。

公共図書館のサービスと司書の在り方が問われている点について別な視点からの問題提起として受け止めたいのは、図書館法の枠外にある大学図書館の側から「図書館の利用者サービスは伝統的な閲覧・貸出サービス、レファレンスサービスから、各種情報資源の探索・利用指導へと急激な」(25)変化が起きているという指摘である。こうした変化は公共図書館の側でも見られる、やや旧聞に属するが例えば埼玉県立図書館でのレファレンス件数は資料の存在を問い合わせる所蔵調査件数が平成15年度は8万2867件、平成17年度は10万6900件と約28・7%の伸びに対し、具体的に問題を問い合わせる事項調査は平成15

年度が5756件、平成17年度は1万4765件とほぼ2・5倍の伸張を示している(26)。これは公共図書館においてもレファレンスの要求内容が変わりつつある兆候と考えられ、こうした要求に応えられる高度にして浩瀚《こうかん》な知識の習得とその活用能力が問われている。

「これからの図書館像」は

自治体職員としての素養と司書としての力量を備えてこそ、利用者住民にも行政内部でも信頼感を獲得し、役に立つ図書館であり地域に必要欠くべからざるものであるという存在感を確立できる。「これからの図書館像」は「図書館は知の源泉である図書館資料を提供し(中略)基礎学力や知的水準の向上を図るために欠かせない重要な知的基盤」(27)であるとしている。ここで基礎学力や知的水準が語られる意味は重く、図書館職員特に司書は自己を高める上で真摯に受け止めねばならない。

前述した公務員として素養に加えて司書としての素養や力量のさらに根底に、ハウツー的な知識ではなく「人間に本来備わる様々な可能性の開花に資する様々な領域に関わる幅広い『知識』」(28)を意味する教養の存在を考慮すべきと考える。それは司書資格が大学の一般教養課程程度の学力を前提に付与され、一個の人間として社会観、世界観を持って人類の英知や歴史の蓄積に畏敬の念を持ち向かい合っていると考えられるからである。したがって、もし利用者や資料に司書が謙虚さを持ち合わせていないとすれば、その教養は薄いと言えるのである。司書が相手からの問いかけに、政治、経済、歴史、文学、科学技術などの断片として応えていくのではなく、また資料の存在不存在、資料探索能力や情報検索技術を磨くだけでは不十分である。総体的・人間的にとらえて解明に努めていける知識を養い身につけてこそ教養と言えるのである。知性と感性を兼ね備えるなら豊かな人間性を生み出し、ロマンティシズムとリアリズムを結合させて仕事をするなら確かな未来を創造できるに違いない。

おわりに

前出の社会教育調査によると、社会教育施設の指定管理者による管理形態を取っているのは、公立の施設全体で26・2％を占める。図書館では３２７４館中３４７館10・７％とされ、年々その数は増加し非直営化の傾向は強まっている。

図書館の熱心な利用者であり、その便利さと無料の資料提供に感謝している人は沢山いる。

企業の調査や商売上のヒントを得るために、図書館を利用する経営者・経済人も少なくない。そういう市民が、民間活力導入、公務員削減を掲げ、時には憲法「改正」や核武装論議も辞さない、危うい政治に共感を示し、熱狂する不思議はどこからくるのだろう。また、実際の投票行動では、公共施設の委託、指定管理への移行、職員の削減、雇い止めを政策に掲げ、これぞ行財政改革への取り組みと称する新自由主義的傾向の首長を当選させている。

1節でこうした流れの意味、住民意識の複雑さを正確に理解し、何故なのか、どんな方向に進むのかを見極め、それに抗する実践と理論を考えていかねばならない。図書館界は「図書館の自由に関する宣言」に見られるように、政治的権力的介入を排し戦前との訣別を明らかにしつつ、民主主義を実現する努力をしてきている。司書は現場において戦後民主主義の歴史的意義を受け止め、市民の成熟や知識の獲得に資するよう資料と情報の提供に努め、その社会的使命を自覚した実践をすべきであると考える。

2節では歴史観歴史意識の獲得こそ、社会的存在としての自己を確立し、自らの視座を明確にして行くことができる。これなくして個としての自立も、精神的成長も実体の伴わぬ、空虚なものになりかねない。ここ10年来の政治動向は、バランスを失い振子が右に寄ったままの印象が強いだけに、本質を見極める力量が求められている。

３節の資質と教養に関しては、公務員の立場と専門職の立場の違いはありつつも、住民に奉仕するサービス内容の違いであり、不当に大きくすることもないし、一面軽視するべきではない。幅広い知識と自分の生き方、仕事の仕方に結合させた教養の在り方についても触れたところである。それは歴史意識にも通底すると考えられるが、さらに課題としていきたい。また、日本図書館協会は司書の専門性を確保し、社会的地位を高めるためにより高度な知識・技量を備えた認定書制度を設けている。筆者の周辺でも少なからぬ司書が自分の意思で受講し、高度な知識技術を習得し、そのなかから交流の輪が広がっている。こうした司書同士の輪が、つながって経験を交流し刺激し合って、さらなる高みへの足掛かりになることを期待したい。

公共図書館は、資料の相互貸借や情報の交換、利用者の求める資料や情報を自館で提供できない場合に、他の図書館や機関、専門家を紹介するサービスなどを通じて、他の館種と様々な協力関係を持っている。なかでも同一自治体内の小中学校図書館との連携は、団体貸出、総合的学習への資料提供、ブックトークなどを通じて日常化している。学校図書館の資料は少なく、古く、整理不行き届きであると指摘されている。最近は国による交付税措置や子ども読書推進法などの動きにより改善の方向にはあるが、自治体の財政難により措置が十分に行われていない実態もある。学校司書の専任化は遅れている。司書教諭は発令されているものの、授業負担の軽減はほとんどなく、抜本的な改善にはなっていない。いくつかの図書館では、学校図書館との連携強化を方針に掲げ専任の司書を学校に派遣し、図書購入費も管理して充実に努め徐々に成果が上がるなどの実践を重ねている。

最近注目せざるを得ないのは、指定管理を受け、いくつかの市立図書館の運営をしている〝ツタヤ図書館〟の問題である。運営形態と雇用形態についての疑問は大きいが、選書問題が気がかりである。極めて不適切な選書を行い議会で取り上げられ、市民から抗議の声が上がっている。これに応えて行政側は選書を教育委員会において確認するようになっていると聞く。選書は図書館の生命線であり、基本であるはずなのに、行政サイドの裁量に委ねられないことになりはしないか。「図書館の自由に関する宣言」に照らして、懸念せざるを得ない。

営利企業と公共性の間には越え難い溝があるのではないだろうか。公共という概念の確立が求められる。

〈**参考文献**〉

（1）鑓水三千男他著『図書館が危ない！　運営編』（エルアイユー　２００５年）
（2）ディスカバー図書館 in とっとり　鳥取県立図書館ホームページ（２００７年1月16日閲覧　http://www.library.pref.tottori.jp/）
（3）中小公共図書館運営基準委員会『中小都市における公共図書館の運営』（日本図書館協会　１９７３年）
（4）日本図書館協会『市民の図書館』（日本図書館協会　１９７６年）
（5）これからの図書館の在り方検討協力者会議「これからの図書館像―地域を支える情報拠点をめざして―（報告）」（文部科学省　２００６年　ｐ３）
（6）同右
（7）『朝日新聞』２００６年10月28日「社説」
（8）堀尾輝久著『いま、教育基本法を読む』（岩波書店　２００２年p12～13）
（9）山口源治郎他編『図書館法と現代の図書館』（日本図書館協会　２０1０年　ｐ28）
（10）尹建次著「現代日本における『ポストモダン』と国家」（『環』vol.5　藤原書店　２００1年　ｐ１４６）
（11）坂本多加雄著『問われる日本人の歴史感覚』（勁草書房　２００1年　ｐ81）坂本氏の国家観については全面的な共感を持つものではないが、こうした提起については一考すべきと考える。
（12）前出『中小都市における公共図書館の運営』
（13）前出『市民の図書館』
（14）前出『これからの図書館像―地域を支える情報拠点をめざして―（報告）』
（15）松下圭一著『日本の自治・分権』（岩波書店　１９９６年　ｐ２０９）

(16) 同右
(17) 丸山眞男著「福沢における秩序と人間」(『丸山眞男集』第2巻　岩波書店　1996年　p221)
(18) 北田耕也著『明治社会教育思想史研究』(学文社　1999年　p137)
(19) 根本彰著『続・情報基盤としての図書館』(勁草書房　2004年　p69)
(20) 国立教育政策研究所社会教育実践研修センターホームページ(2006年12月3日閲覧　http://www.nier.go.jp/jissen/)
(21) 日本図書館協会ホームページ(2006年12月3日閲覧　http://www.jia.or.jp)
(22) 根本彰著『情報基盤としての図書館』(勁草書房　2002年　p143)
(23) 薬袋秀樹著『図書館運動は何を残したか』(勁草書房　2001年　p136)
(24) 同右 (p137)
(25) 高山正也著「新たな司書養成提案にみる大学図書館員養成についての課題」(『図書館雑誌』vol.100 no.10 日本図書館協会 2006年) p671)
(26) 埼玉県立図書館『要覧』平成16年度　埼玉県立図書館　2004年　p16及び平成18年度2006年p18)
(27) 同右
(28) 坂本多加雄著「『知識人』は再生するか」(『坂本多加雄選集』Ⅰ　藤原書店　2005年)　p291

図書館は世相を映す

はじめに

筆者が鶴ヶ島市立図書館の館長を務めていたころ、公共図書館は成長期から成熟期を迎えて新たな課題が浮上していた。利用者が増え、図書館の存在が市民に溶け込んでいくなかでの未経験ながら予測できたはずの困難も、そこには見え隠れしていた。

現在の図書館は、自治体財政の困窮を背景にグローバル資本主義の波に直撃されて効率化と経費削減を迫られている。見た目良く安く使い勝手良く、との言わば商品経済的な発想が貫徹されているのではないか。首長や議会の多くが目先の安上がり感に惹かれて部分委託から指定管理制度の導入へと進めている。安価とは職員の人件費を極限まで切り詰めることを意味する。

つまり職員は正規職員ではなく嘱託、派遣、パート職員に置き換えて、人件費を切り詰めた運営をすることである。そこには雇用の非連続性に起因する、経験や教訓を継承蓄積ができない、その場限りの職場が現出することになりかねない。さらに低賃金の無権利な働き手が増えるなら、将来の社会を担うべき層が形成されないのである。つまり、購買力に欠け、家庭を持てず、年金や社会保障制度を支えられない事態の温床になってしまう。見逃せないのは、司書としてのプライドは勿論働く者としての自覚と誇りを持ちきれないことであろう。倉廩《そうりん》実《み》ちて礼節を知り、という言葉がある、貧すれば鈍することを憂うる。経営効率、市場経済などビジネスの用語とは本来馴染まず、公共空間として形成されるべき図書館であることが望まれている。

１　出版危機から

７万５５３０点が８万４８点へ、９６３５億円から７９３６億円へ。最初から数字を並べてしまい恐縮するのだが、前者は２００３年と２０１５年の新刊書籍発行点数の推移、後者は同時期の実売金額である（出版年鑑２０１６年版による）。

出版危機が叫ばれて久しく、ここ20年近くこうした状況が続いている。出版社が新刊書として発行するタイトル数は12年間で約４５００点増えた一方で、売上額は約１７２９億円減少したことになる。２０１５年の雑誌を含めた総売上は1兆６０１１億円とピーク時の１９９６年の総売上２兆６５６４億円からと比べると約59パーセントの売上規模になっている。数字から読み取れるのは、マーケットが着実に縮小していること、1タイトル当たりの売上が減り、多品種少量販売になっていること、商品寿命が極めて短命化していることなどがあげられる。

本が売れない、だから目先の変わった本、ヒットした本の二番煎じ三番煎じの類似本、タレント本、ショッキングな本を続けざまに発行する。お手軽な文庫、新書が乱立し質が低下すると足元を見られてますます売れなくなる。また、電子図書の普及もその一因かもしれない。1タイトル当たりの印刷部数は1500〜3000部とされ、大型書店優先の配本となって小さな書店には新刊書が出回らない事態になり、地方の読者には本の入手が困難になる。一方作家は刷り部数が少ないうえに売れないとなると、印税が入らなくて生活に打撃があり創作意欲にも響く。勿論出版社の経営も困難になり長期的計画的な出版にも影響が出る。新人作家の発掘や育成は難しくなっていく。

かつては2万数千店を数え地方の文化拠点でもあった書店は転廃業を余儀なくされ、年1000店単位で姿を消し今や約1万3000店と言われている。などなど課題が噴出して出版業界そのものの存亡が問われる事態となり危機感が高まっている。

そこで、原因と犯人探しがはじまる。若者の本離れの原因の一つには携帯・スマホなどの普及に伴い手軽に情報が入手できること、その支払いを捻出するために本まで手が回らないという説もあった。

無料で本の貸し出しを行う公共図書館犯人論が急浮上、有力作家や出版社がそれを強硬に主張する。佐野眞一著『誰が本を殺すのか』にはかなり突っ込んだ出版関係の広範囲にわたる取材に基づき詳述されて一時期話題になった。

全国の公共図書館（現在３２４６館、日本図書館協会「日本の図書館統計」２０１５年）が、ベストセラー本を大量に買い込み無料で提供している、だから利用者は本を買わなくなるので作家が本来得るべき利益が損なわれている、と同書では主張している。三田誠広・楡周平氏などの著名な作家が論陣を張り、マスメディアにも大きく取り上げられるようになった。

出版関連の業界団体と日本図書館協会などが話し合いを重ね、公開シンポジウムを開催し双方の主張を尊重しつつ、貸出実態調査を共同で実施して実態を基礎に共通の土俵で論議を深めようとする動きにはなった。調査では憂慮するほどベストセラー本を大量に買い込んではいなかったものの、双方の論議がしっかりと噛み合い理解が深まったとは言い難い状況だった。

さて、出版界から非難される公共図書館の貸出重視路線には歴史的背景がある。１９７０

年に日本図書館協会から冊子「市民の図書館」が発行され、強力な指導理念・運営指針として今日に至っている。都下日野市立図書館の先進的な実践によりあげた成果と各地での教訓を踏まえてまとめられたもので

① 市民の求める図書を気軽に貸し出すこと
② 徹底して児童サービスを行うこと
③ 市内全域にサービス網を張り巡らすこと

と定式化した。モデルとなった日野市立図書館は行政へのサービスにも優れた実績があり、新聞雑誌などの関連記事をファイルして関係行政機関に日常的に提供するなど、図書館の特質を生かした活動を幅広く着実に行い、行政にとっても有用な存在であることを示していた。そのうちの①貸出重視が結果的に全国に広がり、公共図書館の多くは貸出率の向上を評価の基準とする傾向に陥り、行政の側も財政効率を語るうえで市民や議会に説明しやすいところからそれを受け入れていく。

作家、出版社側の批判もあながち的外れと言い切れない事情も図書館の側にあったと言える。加えて１９６０年代という戦後復興期から高度経済成長期にさしかかり、政治的経済的にも生活面でも急激な変化が深まりつつあった。この時期の経験を普遍化した理念を掲げて

きた図書館界の硬直性にも批判されるべき要素があるのではないかとの印象を持っている。

こうした街場の書店の減少の実態、公共図書館と作家・出版業界との一連の意見交換、共同の調査、シンポジウムなど協議の経過とその後については、内野安彦『ちょっとマニアックな図書館コレクション談義』（大学教育出版）にやさしく述べられていて、参考になる。

レベルはともかくとして現在ほとんどの市には図書館が存在し、限られた人的物的財政的制約の中でサービスを展開している。時代が流動している今日、政治の混迷が露わになり財政が逼迫し経済は停滞を余儀なくされている。地方の自治自立が問われざるを得ず、施策の刷新が求められるなら公共図書館の在り方も変わって行かねばならない、指導理念・運営方針も自ずから時代と切り結んだ新たなものとして構築されるべきであろう。

当時の鶴ヶ島市立図書館は、貸出率では全国有数だが、数字に安住するわけにはいかないとの思いがあった。それのみが図書館の実力を示す指標とは思えないからである。将来を見据えてできること、成すべきことを創造的に展開したいと考えて、活動内容の多様化を図った。館で利用者を待ち受け本を貸出し、資料を提供する待ちの姿勢ではなく、積極的に外に目を向けて活動領域を広げようとした。その活動の一つ目は、学校図書館との連携支援である。

幼い時期から本に親しむことの大切さは語られているものの、学校図書館の現状は決して恵まれたものではない。専任職員不在、蔵書が古くて少ない、施設が狭隘《きょうあい》と三重苦を呈していた。司書教諭有資格者はいても学級担任を持ち図書館運営に専念できず、有資格者不在の学校も少なからずあった。校長の姿勢や学校の運営方針などにもよるのだが、学校における図書館の関心度は低く、校務分掌における位置づけも決して優先度は高くない。

専任がいなければ読書指導、読書相談などは勿論のこと、十分な選書はできないうえ蔵書の整備管理をするのは困難であり、学習の進行と連動して資料提供を行うことは事実上困難である。この現状を打破しようと、図書館の側で学校図書館の図書購入費と人件費の一括管理を図り、司書が常駐する体制づくりに取り組んだ。学校司書（残念ながら身分上嘱託または臨時職員）は図書館の職員体制に組み込まれ、研修や資料検索を行い、調べ学習への資料提供、読み聞かせ、ブックトークを日常的に実施してきた。図書館直轄になったことにより学校司書は50数万点の蔵書と結ばれ、図書館司書との交流は深まり、活用の幅が大きく広がり学習・読書環境の醸成に役立った。

二つ目には外部へのサービス。保健センターや公民館で行われる乳幼児健診などには必ず司書が出向き、読み聞かせの手ほどきと成長に合わせた本の選び方を示し相談に乗り、お薦め本のリストを手渡したりしている。また、児童養護施設・高齢者の介護施設などにもボランティアと一緒に定期的に出向き紙芝居、合唱などの時間を過ごしている。

三つ目にはレファレンス（参考調査）の強化に取り組んだ。適切な資料と情報の提供は図書館の基本的な役割の一つである。毎日いろいろな相談疑問が寄せられてくる。それにこたえる人的・資料の質的強化の体制を作らねばならない。現実社会で起きている複雑な事象に目を配り、それに対応する資料の取得と担当司書の力量向上は急務であった。当館の50万点に及ぶ資料を使いやすく整理配置し、様々な求めに応じて適宜早急に提供する能力を整備する必要がある。

地域課題に目を配る図書館の重点的課題として自治分権問題、主に行政資料・郷土資料を取得整備して情報提供に努めたい。行政は膨大にして貴重な記録を持ちながら、それを提供する点では遅れている。図書館のノウハウで行政情報を手軽に提供したいと考えての体制整備であった。

図書館は、さらに従来手薄であったいわゆるビジネス支援にもウイングを広げようと試みた。地域産業の振興を図り地域経済を活性化する観点から、起業や新分野への挑戦に役立つような図書館でありたいと情報収集に力を入れ、配架方法にも工夫を凝らした。新聞雑誌の切り抜きを掲示し、各種団体・機関の報告書調査書などの獲得と提供にも意を用いた。

試みはまだまだあるものの、図書館を取り巻く社会情勢が急激に変貌する中で、その成否と実際はこれからの展開にかかっているのである。人的財政的制約の中で着実に社会と切り結ぶ図書館であるべきと考えている。

2　利用者の実相

かつては古い資料を探って研究する方か受験生か児童書を求める親子連れなど特定の利用者が多く出入りするところと思われてきた図書館は、今や大きく様変わりしている。一日約千人の利用者がある当館も、社会の変貌を反映して中高年のリタイア組と思われる方や現役のビジネスマン、自営業者風の方が増えてきた。

駅前や繁華街のような足の便の良い好立地の図書館では、一時期いわゆるホームレスが日中の居場所にして、他の利用者から苦情が寄せられ対応に苦慮している例は少なくなかった。駅からの距離が遠く雑木林に囲まれた自然の残る好環境に恵まれた当館ではその点ではそれほど深刻ではないものの、別な悩みも存在している。

駅から遠くて便が悪い、周囲に人家が少なく夜は不用心だ、開館時間が短すぎるなどの指摘には真摯に耳を傾け、徐々に改善できるものと物理的財政的に困難で解決に時間を要するものに分けて考えるべきだと思う。

利用スタイルでは、開館と同時に入館しいつもの席に座って新聞雑誌に読みふけり、時には居眠りをして一日を過ごす〝常連〟も見受けられる。なかにはスーツにネクタイで颯爽と現れて端然と椅子に座り、静かに本に親しむ方、また、指定席に座ってヨーロッパ史の原書翻訳にいそしむ常連もいる。一方には所在無げに雑誌を手に取ったり、漫然と書架をのぞいたりと、時の流れに身を任せる見慣れた中年の男性を見かけると、「リストラ」という言葉が浮かんでしまう。百人百様の利用方法があってよいと思う、憩いの場であり学びの場であり、交流の場であってほしい。公共意識を大切にしてマナーを身につけてほしいものである。

不特定多数の人が出入りし雑誌や本を借り出し、手に取ると汚損破損は避けられない。返却時に気づいたならば直ちに修理や清拭をするのだが、公共物としての意識が薄く、粗雑に扱われると他の利用者に大きな迷惑がかかることになる。

ページの切り取り、傍線記入、落書き、ページ欠落などは日常的に発生している。線を引くのは鉛筆なら消しゴムで消せるが、ボールペンでは消しようがない。週刊誌などのヌード写真の切り取りは相当数に上ってしまい一時購読の是非さえ検討課題になったほどであった。

法律書中でも刑法の専門書や専門誌、司書養成の図書館学の本に線引きや書き込み、切り取り、紛失などが間々あると最早ブラックジョークになってしまう。

ある日驚いたのは、比較的内容が堅く、読者が限られそうな本にさえ驚くべき事件が発生したことである。小熊英二著『民主と愛国』(新曜社)、大部で比較的高価であり当時話題になったせいもあり予約が多かった本だった。私も読みたくて予約をし、ようやく順番が回ってきて手に取り心躍らせて読み始め三分の一くらいまで読み進んだところ、ゴミのようなものがついていたので払って次のページへ、今度は短い毛のようなものが数本ついていたのに気付いた。「何だろう?」次ページを繰って事態が明らかに。何と鼻毛だ、鼻毛が余白にびっちり植えてあった。吐き気がした。気を取り直してパラパラ先を見てみると、数か所に黒い芝生が存在していてガッカリだった。集中力が欠落して読む気を失い、翌日図書館に持ち帰り、職員に現認させてきれいに掃除してから返却した(同書はどうしても読みたくて結局購入し、今も自宅の本棚で存在感を漂わせている)。

フッと既視感が頭をよぎった。「以前にもこんなことなかったっけ?」、そうだ思い出した。ジョン・ダワー著『敗北を抱きしめて』にも鼻毛事件はあったのだ。小説などとは違い一定の興味と知識がなければ手に取らない両書の内容から考えて借りては同一人物と思われる。

鼻毛氏はこうした奇癖の持ち主かも知れない。本に夢中になると抜いては植え、読んでは植えを繰り返していたのかもしれない。数ページに及ぶ大量の鼻毛の持ち主は、図書館の本であることを忘れるのだろうか。不思議で不潔な話である。

3　行方不明になる本

図書館には不明本と呼ばれる統計がある。蔵書目録上存在し、貸し出しにも修理にも出していない行方不明の本である。貸出手続きを経ずに無断で持ち出された本、つまり盗難本のことである。

ある年の9月に休館して定例の蔵書点検を行った。蔵書点検とは約1週間をかけて定期的に蔵書の所在と状態を確認し、併せて館内の修繕や模様替えを行う。この間は一切の本の動きが停止され、実際にあるのかどうか、破損状況はどうか、間違った棚に入れられてはいないか、貸出期間を超過している本はないかが確認される。

コンピュータ端末でバーコードを読ませるなどかなり時間がかかる作業量の膨大な作業である。中央館と6分室（地域分館）が所蔵する50万点以上の資料すべてに当たるのだから人海戦術によるしかない。この結果判明した不明本は約１８００点、多いか少ないかはおくとしても半端な数ではない。その内一定数は後日戻ってくるにせよ、平均単価２０００円として約３６０万円。分類しラベルを張り、フィルムを張るなど装備をする人件費を考慮すると莫大な金額になってしまう。

ちょっとしたいたずら心、出来心、自分くらいという自己中心的な思考が公共図書館の使命である良質な資料を収集整理し、必要とする市民に無料で提供することを事実上困難に陥れている。その心配をいくつか挙げると、一つには管理体制の強化につながることで、入退館者を常時監視し盗難やいたずらに備え誰が何を借りたか、何を読んでいたかをカメラなどで記録しておかなければならなくなるのではないか。

二つには予算上の制約が増すことである。貴重な税金で購入整備されたものが盗まれたり傷つけられたりするなら予算をつけるのは最低限にしよう、とする消極的な考えが噴出しかねない。現実に財政当局は予算を削減したがり、議会筋からは不明本の実態を問う声が発せられている。すでにいくつかの図書館では資料に固有のＩＣチップを張り付け、それに反応する盗難防止装置を出入り口に導入する動きも少なくない。これにも多額の予算がかかることになる。

三つ目には信頼関係が失われてしまう怖さである。フロアに本を並べて自由に触れ選び読むことのできる開架方式は、利用者との信頼関係を前提にして成り立っている。館内を行き来する利用者を疑心暗鬼で注視したくはないのが本音である。心貧しくはなりたくない。読む自由、知る権利、学び自己を向上させる機会が脅かされ、自治自立のための自己決定を保証する知的基盤が危うくなることが心配される。公徳心の欠如、ものを大切にしない、先人の知恵や経験、教訓から学ばない姿勢は社会的に大きな危機を招いてしまうのである。

4　図書館長の仕事

公共図書館の館長は二つの顔を持っている。行政組織の管理職と教育機関の長であり専門職であるという顔である。時にはその二つの狭間で悩むときがある。行政上の職位は部長級から課長級または課長補佐級まで自治体によって様々である。その仕事の幅広さについて自身の経験から38項目にまとめてくれた労作(内野安彦「図書館長の試み」樹村房２０１４年)がある。氏はそのなかで「図書館長は、社会や地域の中で図書館の持つ意義や果たすべき役割を十分認識し、その実現に向けて職員を統括し、迅速な意思決定を行うことが必要である」

と強調している。館長の姿勢によっては図書館のイメージや活動スタイルに大きな変化が起こる場合もある。中には大向こう受けを狙い、次々と新しい施策を展開して注目を集めるものの、職員は困惑して白けてしまいやる気を失うケースもあると仄聞《そくぶん》する。業界団体の役員を歴任し、自己顕示色の強さを感じる場合も見受ける。

振り返って自分が何をしてきたか、何ができなかったか、考えさせられ忸怩《じくじ》たるものがある。

さて、図書館での一般業務で私の好きな仕事の一つに配架がある。返却された本、受け入れた新刊書・寄贈書などを利用できるように書架に配る仕事である。分類にしたがって当てはまる本棚に入れていくのだが、どんな本が出ているのか、どの年代世代利用層に好まれるのか、よく動く本はどれかなどいろいろなことがわかる。自分が注目し、素敵な本だと思っている本が動くと嬉しくなり、どんな人が読んでくれたのか、想像してしまう。

時代と世相を反映して動くのが図書館の本であり、その推移から社会の流れがわかるともいえる。本の傷み具合汚れ具合も直接触れられるし、ほとんど動きのない本も目で確認できるので修理や入れ替えも指示できる。また、嬉しいのは普段見過ごしている地味な本が配架していると目に飛び込んでくることがある。〝読んでくれ、自分はここにいるぞ〟との叫びが聞こえてくる。ここにこんな本があったのか読んでいなかったなあ、と思う。これが配架の喜びであった。読んでいない、知らなかった本がほとんどであり、その世界の深遠さに頭を垂れる。

ブックトラックを押して館内を歩いていたり、書架の間にいると、利用者の顔がよく見えて親近感を感じ、顔見知りになると時には話しかけたりかけられたりして、思わぬ交流が生まれる。「この本は面白かった。良いのがあったら紹介してよ」などと語りかけられたり、来館すると必ず「館長はいるか」と声をかけてくれたりする利用者もいて、事務室の奥深く館長席にいては味わえない楽しみでもあった。

5　問われる公共性

欧米の図書館の充実ぶりは広く知られている。多くの図書館関係者の視察記や利用体験記には資料の充実と利用マナーの良さが語られ、社会に定着していることがわかる。そして図書館のほとんどは財団の経営や篤志家の寄付によって運営されている。日本の場合公共図書館はほぼ100%公立（都道府県　市町村立）である。その実態は各自治体の規模、財政状況、教育政策などによって大きな違いがある。むしろ知事・市町村長などの姿勢が強く反映するので、その政策順位によって良くも悪くも左右されている。

近年、新自由主義的思考や公共経営論が自治体運営に持ち込まれ、首長はそれに飛びつく傾向にある。そうした方向性があたかも進歩的であり現代風であるとする刷り込みがあるのではなかろうか。財政危機の深刻化を背景に行政サービスの見直し、施策の重点化が進められている。文化行政、社会教育分野はその直接的な見直しの対象になっている。施設管理の民間委託は、その施設の性格必要性などを冷静に論議すべきで、外注ありきであってはならないと思う。必ずしも直営でなくてもよい施設もあるのだからその線引きは慎重であってほしいと思う。

すでにかなり進行しているのだが、図書館によっては窓口業務の民間委託、施設建設運営へのＰＦＩ手法の導入が時の寵児として各地で導入されている。やや旧聞に属するが桑名市ではＰＦＩ手法による図書館建設が進められた。山中湖村ではＮＰＯへの全面委託がなされた（図書館ではないものの、ＰＦＩ手法に関しては滋賀県近江八幡市での病院建設と経営をめぐり市側と運営会社との間で齟齬《そご》が発生して、違約金を支払い契約解除になった例がある）。民間資本の活用により建設費負担がなだらかになる、運営が柔軟で長時間営業が可能になるなどのメリットがあるとされている。

さらに指定管理者制度の導入により、公設民営的な手法が新しい運営形態としてとり入れられている。武雄市、海老名市、小牧市などではその是非について市民を巻き込んだ論争になっている。図書館の在り方について、理性的な論議が深まることを望みたい。

公的業務を民間委託する理由には、従来の在り方と違って本来馴染まなかったものが時代の流れの中で効率的で安上がりであるとされたこと、直営ではお役所的な運営で非効率であったが、経営判断が速く優れていることなどがあげられている。ある人は「公務員は画一的で融通が利かないし働きが悪い。もっと柔軟な運営が出来る筈だ」と言い、「もっと安く、長時間の開館も可能になる」と主張する。片方は「知識や情報は共有すべきで、公的な視点が必要ではないか。選書の確かさ、経験の蓄積もある」と説いている。

図書館の在り方、運営の確かさ、使い勝手などを論ずるには、共通の論点として「公共性」を設定しておきたい。これをしっかりと論議し検討を加えていかねば深まらないのではないか。その自治体地域での図書館には何を期待するのか、どんな図書館を期待するかを考えるべきであろう。多くの人がその地で社会生活を営み、子どもを育て、地域の歴史と成り立ちを知り、文化を育み、心豊かに生きたいとの願いを持って暮らしている。それに応えるための文化面でのルールとでも言うべき基本を語り理解する必要があると思う。いわば健康で文化的に生きること、成長し発達が保障され、穏やかで誇り高い老後を送れることなどの社会づくりに連なる視点で理解を深めるべきである。

公共性を前提として何を政策的な重点とするのか、何に重点的に予算を投入するのか、社会的規範の共通理解をどのように構築するのかなどの基本的な課題を相当長いスパンで考え論議を深めることが求められている。「公」の分野か「民」が適当か、それぞれの利害得失、特色を未来への意味合いという視点から冷静に判断すべきではなかろうか。当面の財政難をしのぎ、或いは流行によって軽々に決定すべきとは思えない。市場原理主義とか市場経済の用語で「公」を語り、図書館を論ずるのは不見識である。

民間企業的発想がすべてに優れ効率的で先進的であるとするが故に、公的部門も同じ発想で運営すべきとする主張は、30代の頃零細土建業に従事した者の目からはあまりにも民間経営を美化しすぎているように映る。不十分な面、醜悪な点、矛盾を内包している実態などをあえて見過ごしているのではなかろうか。民間企業は何よりも利益を考える、これが厳然たる事実である。

民間経営手法万能論を前提にするのではなく、例えば意思決定の速さ、コスト意識の高さ、経営資源の集中投入などの良さからは十二分に学び、その反面利益と権益のためには手段を択ばない、人を道具として使い潰す傾向、有力者・団体との癒着もたれ合いなどの暗部は否定的に見つめる必要がある。

人間社会を長期的安定的に維持し、潤いと尊厳に満ちた理性的にして安心して暮らせる社会を形成するためのコスト、いわゆる「社会的コスト」として市場原理とは異なる思想で考えるべきと思う。

図書館のように人類の叡智と教訓を資料化して整理保存し、誰にでも無料で閲覧に供して現代人に提供し、未来に伝達していく機能と、世界中に飛び交う情報を検索する入口の役割を持ち、文化と歴史を凝縮して提供する役割を担った機関は本質的に「公共性」によって担保されている。改善すべき個々の点は多々あるのは事実、職員の実力と自覚もまだまだ。個別の改良によって対応すべき点と、本質を取り違えてはならない。有用にして使い勝手のよい存在感のある図書館を創っていきたい。

おわりに

図書館をめぐる話題には事欠かない。先に触れたように武雄市、海老名市、小牧市などでは図書館の運営をめぐり市長の方針と市民の間には大きな乖離があり、論議が高まり署名運動や住民投票に発展した経緯も報じられている。図書館の政策的な位置づけはあくまで文化的見地、教育的配慮であってほしい。政治的な得失や話題づくり、人気取りの道具であってはならない。まして奇を衒ったり、一部の業者の思惑にのったりしては悲しい。

ツタヤ図書館と呼ばれる前記を含むいくつかの図書館では、現代的な意匠を凝らした館内はいかにも快適そうである。ゆったりとくつろげる明るい空間であると見受けられる。店舗づくりで磨いたノウハウが注ぎこまれているのであろう。こうした学ぶべき面は少なからず存在する。一方ではかねてから指摘されていた選書、分類、配架などでは疑問が噴出し鋭い批判がある。

同時に危惧するのは利用者の個人情報、なかでも読書傾向によって推察できる思想・信条の流出である。嗜好や悩み、心身の状況、家族構成などを抽出してデータ化して本業の販売戦略に転用される可能性はないだろうか。利用者の個人情報の保護には意を用いているのが図書館である。その観点から疑問が残る。

図書館には人類誕生以来の歴史文化の滔々たる流れが注ぎ、誰もがそれを享受し活用することができる。私たちは謙虚にこの流れの恵みを受け取り、次代へとつないでいきたいものである。

II

知への接近方法を探る

埼玉県鶴ケ島市立中央図書館閉架書庫

❖ていねいな本読みに

～本、そして図書館へのまなざし～

本への敬意

池袋の西武デパートにあるリブロ本店が２０１５年７月に閉店した。このニュースを聞いたときは驚きであった。リブロは好みの書店の筆頭であった。店に一歩踏み込むと、これでもかこれでもかと言わんばかりに本の主張が聞こえてきて、次々に手に取りたくなる。分野の設定の仕方、並べ方、量の豊富さなどあらゆる面で思想が感じられた。

かつては西武百貨店の文化的なイメージを形成する存在の一側面であった。セゾングループの変遷と出版不況とされる現象に左右された結果であるのかもしれない。

「本が売れない」事態が本の形で提供される知識や情報に関して重きを置かない、あるいは別な手段で得られるという時代の反映だろうか。

本に関連して自分がわくわくする場所がいくつかある。リブロはその一つであり、古書店と図書館の閉架書庫もそうであった。

図書館勤めだったころ、閉架書庫に入るとかすかな紙とカビの匂いを伴った独特な雰囲気に圧倒された。書庫に眠る10数万点の資料が放つ存在感の重さであった。単なる本の倉庫ではなく、人類の知の集積が持つ力を感じさせてくれる。本が秘めた魅力が発散されている。読んでくれ、と呼びかけているような声さえ聞こえてくるように感ずる。この中で読んだ本は何冊あるのだろうか、と自らを省みて悲しさにとらわれる。

閉架書庫という知の宇宙に身を置けるのは図書館員の特権であり、喜びでもある。ちっぽけな自分がいわば目も眩むような人類の叡智と対峙しているように感じるからである。この喜びと感動に浸れない図書館員は少なくない。地球規模の知の集積であることが実感できず、畏れの念が生じないのであろう。もったいないことである。

効率と利益を最高の価値とするグローバル資本主義が世界を席巻して久しい。すぐに役立たない知識は不要もしくは順位は低い。無用の用とか、じっくり形成される知的世界などは通用しないのだろうか。一見無駄に見えるものに優れた教訓や知性が隠されていることは少なくない。自分に知識が欠けていることを自覚し、知への接近方法を探ることこそ「教養」であると思う。

電車の中の活字

ここ20年ほど、あるサークルに出席するため週一度電車に乗る。30分弱の車中である。電車に乗るときは必ず本を持参する。よく言われることだが、車中で本や新聞を読む人が減り、携帯かスマホをいじっている人が目立つ。図書館の本を読む人には親近感を感じ、何を読んでいるか話しかけたい位である。確かに先日の車中で、前の7人掛け座席中5人が画面を開きゲームに興じているのを見かけた。本離れの進行が実感できる。

電車の中は実は活字に満ちている。混んでいて本を開けないとき、中吊りや壁の広告を見ていると結構時間が潰せる。週刊誌の広告などはほぼ1冊読みきったような感じがする。それで気づいたのだが大学の広告がやけに目立つようになってきた。しかもほとんど知らない新興の大学が多い。こんな大学があったのかと思っていると、さらに驚くのはその学部・学科名の馴染みの無さである。観光コミュニケーション、ホスピタリティ・ツーリズム、キャリアデザイン等々横文字全盛である。キラキラネームと揶揄《やゆ》されるのも肯ける。

18歳人口が減少していくなかでの大学新設、学部増設の意味を考えさせられる。「国家ノ須要ニ応スル学術技芸ヲ教授シ」云々と定めた帝国大学令は時代錯誤としても、「学術の中心として、広く知識を授けるとともに、深く専門の学芸を教授研究……」（学校教育法）する大学の目的は達成されるのだろうか。大学進学率はすでに50％を超え、私立大学の半数以上は定員割れしていると伝えられる。

経営上の危機感から志望者を囲い込もうとする傾向と、経済界からの即戦力要求が強まるなかでの「実学」か「教養重視」かの苦しい選択があるのは理解できないわけではない。1991年の大学設置基準の見直しにより教養課程は縮小廃止されたが、リベラルアーツの意義を掲げて教養教育を大事にしている大学も見受けられる。教養教育と専門教育を対立的にとらえるべきではない。学ぶ方法と学ぶという気風を身につけ幅広い文化的な教養を共通の基盤として、専門の違う者が同じ言葉で語り合い高め合う。違いを前提にしながら歴史観社会観を鍛える、そんな可塑《かそ》性が育ってほしいと思う。

昔のノート

本棚の奥から学生時代に使った古いノートが出てきた。表紙に「図書館学Ⅰ・Ⅱ」とあった。下手くそな字（今でも小学生並みと冷やかされるが）を解読すると目録、分類法を学んでいた。確か当時は紙の目録カード全盛で、それに情報が書き込んであった。

大学入学当時、恐る恐る入ってみた蔦の絡まる図書館の入口には大きなカードケースが鎮座していた。不勉強な学生にとっては、そこが既に関所であった。ようやく閲覧室に入ると寂として声なく、ただページをめくりペンを走らせる音が聞こえるのみであった。

かつての高踏的な大学図書館とは趣を異にして、現在の公共図書館は館数が増加し、蔵書も豊かで明るく誰もが気軽に読書と調べ物ができるよう利用者本位の思想が普及している。蔵書管理、貸出返却といった基本業務はコンピュータ化されて正確迅速になっている。それでは図書館の特色と実力はどこで問われるのか。

利用者が窓口の職員に問いかけたとしよう。「史記を読んでみたい」。すると職員はパチパチとキーボードを叩き、「閉架書庫にあるので持ってきます」と答える。出された本が角川書店版「鑑賞中国の古典」、平凡社版「中国古典体系」等分厚い本格書だったら利用者はどう思うだろう。結論を出す前に、利用者の真意を確かめるべきであろう。中国史を勉強したいのか、司馬遷の生涯を研究したいのか、はたまた「史記」という本に軽い興味を覚えただけなのか。それぞれによって提供すべき本は変わってくる。単なる興味なら入門書的新書などは沢山ある。要求を読み取って適切な本を示したならば、図書館に親しみを待ってくれるに違いない。

レファレンスはコンピュータのおかげで蔵書検索が早くなり、キーワードを打ち込みさえすれば関連資料が引っかかってくる。しかし、基本は司書の頭の中で構成されるデータベースの質と量ではなかろうか。相手の話をよく聞き取り、自分の知識と突き合わせて整理しアタリをつける。そのためには日常的に広い分野にわたる読書と知識の習得に努め、見識を高める不断の努力が求められる。どんなに優れた道具でも使い方次第である。

パヌンと呼ばれた日本人

最近、朝食の時にお茶やコーヒーを飲みながら見るのはＮＨＫのＥテレの幼児向け番組である。「デザインあ」「ピタゴラスイッチ」「フックブックロー」等が実に面白い。「ピタ……」には科学への関心を高める工夫がやさしく組み込まれ、感心しながら見ている。〝表紙の向こうはワンダーランド〟と歌う「フック……」のエンディングテーマは魅惑的だ。本の本質的な役割と本の世界に秘められた不思議な魅力を歌い上げている。幼児期からこんな歌に親しんでいると本に興味を持つ子に育つのではないかと期待してしまう。表紙を開いた瞬間から広がるのは人類の叡智であることにいつか気づくに違いない。

安井清子著「ラオス 山の村に図書館ができた」（福音館書店）は示唆的である。前世紀末にインドシナ半島ラオスの奥地に図書館をつくろうと奮闘した女性の実践記である。現地の民話を採取しようと入り込んだ電気も通らぬ奥地に魅せられて、ついには図書館を建ててしまう。少数民族モン族の村に住み込み、生活を共にしてパヌン・リーという名前さえもらうほどに馴染む。

日本の海外援助は多くの場合、箱モノを建てるか施設設備を造って置いていく。それらは破損し故障してしまったら、それっきり放置され無用の長物と化すケースがままある。

パヌンは現地に定着し、計画、土地選定、材料の手配、建設作業の一連の流れを村人と共に進める。次々と困難は発生するものの長老や女性の力を借りてそれを乗り越え、運営スタッフさえ育成してしまう。お仕着せではないが故に村に溶け込み、図書館は生き続ける。図書館で目を輝かせる子どもを慈しみ、諸事情で来られない子どもに向ける眼差しも優しい。

近代化の波により変化は避けられないものの図書館の原点を教えられる。単なる成功譚でないのが嬉しい。著者はラオス人の配偶者を得てしまう。これも図書館づくりの神秘であろうか。

昨今公共図書館の運営形態が揺れている。自治体直営から民間会社への窓口委託、さらには全面委託へと流れが強まっている。財政や効率が優先されて、本や資料への敬意が欠けるのではないか、図書館の持つ魅力と感動に思いが至っているのか疑念は深まる。

図書館長とクレーム

現役館長だったある日、新年度の臨時職員採用面接をしていた。そこへ深刻な顔をして職員が闖入《ちんにゅう》し、「利用者が騒音がうるさいと苦情を言ってきて、説明しても納得しない。館長を出せと言っている」とのこと。丁度蔵書点検の時期で、その前段階として作業をしていた。窓口に近い書庫での作業音が気に障ったらしい。

年配のご老体であった。応接室に招き入れ話をした。かなりいきり立っていたが、耳障りであったことには謝罪をして、この作業の意義を伝えた。

こうした利用者からの苦情、クレームは数多い。「開館時間が遅くて短い・新聞雑誌の購読数が少ない・自分の読みたい本の所蔵がない・職員の対応が悪い」等々。

利用者はそれぞれの要求と期待を持って図書館にやって来る。公共図書館は地域の不特定多数を利用対象としているだけに、利用者の数だけそれがあると思った方がよい。決して愉快な出来事ではないものの避けては通れない館長の仕事の一つである。職員には「必ずしも正当な要求ではなくても、そのなかには学ぶべき事柄はある。きちんと話を聞いて、言うべきことは言うように」と指導した。

自分の責務として柔らかに、しかし毅然と応対すること、終わったらにこやかに別れることを心がけた。すべてその通りにはいかない場合も間々あり、不本意ながら〝毅然〟とお断りすることがある。

図書館論、図書館長論は相当数出版されている。率直に言って玉石混淆である。優れた実践記ではあっても「一つの論」として物足りないもの、自己顕示色の強いもの、公共性への接近が足りないもの、社会的教育機能と市民的教養への視角が足りないものなど、やや残念である。

管見ながら館長論として出色なのは、内野安彦氏の「図書館長論への試み」である。著者は図書館へのこだわりと膨大にして幅広い読書量により、臨場性豊かな内容に仕立てている。特にクレームについて「すべての利用者が納得するルールはない」と喝破し、同時にそれから学ぶことも沢山あることも記されている。

事なかれ的場当たり的な処理ではなく、いかに良い図書館に作り上げていくか、この視点を忘れてはならない。

〈参考〉内野安彦 著「館長論の試み」（樹村房・2014年）

「幼ものがたり」雑感

ふと自分の育った川と河岸段丘に挟まれた国道沿いの街と、住む人たちの顔が思い出された。昭和20年代のそこに住んでいるのは、住まいと商売が一緒のささやかながら印象深い人々だった。左隣には間口2間ほどの小さな土間の板金屋、その隣は駄菓子屋で、その店は国道とのT字路の角にあり、向かいには行商人相手の木賃宿、売れないころのこまどり姉妹もよく泊まっていた。大抵の家には同年代の子どもが沢山いて、年かさの子にしたがって町内を走り回っていた。夕食時には白熱灯の下で卓袱台《ちゃぶだい》を囲む、そんな時代だった。

そんな思いを呼び起こしたのは、石井桃子著「幼ものがたり」だった。明治末期、石井の幼年時代が淡々と語られているのだが、添えられた地図のお陰もあり、その街並みと登場人物が目に浮かぶような気がする。江戸時代の街道の面影を色濃く残す浦和のあれこれが、自分の家と近所の家々とを行き来することにより描き出され、何気ない記述ながら浦和宿の道筋がやがて昭和20年代後半の釧路に連なる。さすがの筆力である。

石井桃子が児童文学の泰斗《たいと》であることは知っているものの「ノンちゃん雲に乗る」を読んだ程度で、不得意分野の児童文学を手に取ったのは、並木せつ子著『幼ものがたり』探査」を親しい児童書の探求者から贈られたからであった。探査する前に原本に当たってみようと思い立ち、読み始めたら実に面白く、冒頭のような感覚に陥った。

生まれも育ちも浦和ではないのに、たまたま浦和の高校に進学し、浦和市立図書館（現さいたま市）に40年近く勤務し、それ故「幼ものがたり」とご縁ができた、と並木は言う。そのたまたまの結実した探査はこれまた興味津々、現代と明治末期の浦和を行き来させてくれる。

並木が当たった資料の膨大さに驚く。資料を探しつつ、石井との対話を重ねていた姿が目に浮かぶ。時には悩みつつ、あるいは道の遠さにひるみつつ、それでも彼女を叱咤し続けたのは石井であったに違いない。

資料を探し出し、読み込む姿勢は司書の資質の基本であり、粘り強く着実に追いかける過程で浦和宿の歴史と民俗を発見し感動に至っている。学芸員との協働が実現すれば、浦和史の近世風俗史に1ページを加えるに違いない。

すべからく図書館司書は斯くありたい。生き方を貫く、何故だろう？ 調べてみようとする姿勢に感動を覚える。薄めの本だが司書の知性が生み出した重さは計り知れない。

図書館は何を語るか

このところ図書館が話題になっている。映画「図書館戦争」が評判だ。有川浩の小説を原作としているのだが、静かに本を読むところという図書館のイメージと〝戦争〟という穏やかならざる表現が興味を引くのかもしれない。選書や蔵書をめぐる権力側との実力闘争を〝戦争〟と表現しているのが、かなり衝撃的で著者にしてはしてやったりだろう。

「図書館の自由に関する宣言」は、①資料収集の自由、②資料提供の自由、③利用者の秘密厳守、④検閲に反対、を掲げている。こうした図書館の生命線を多くの観客・読者に提供し考えさせてくれるのは有り難い。戦争というイメージにはやや違和感があるのだが。「図書館戦争」は衝撃的な題名でひきつけ、選書や読書の自由を改めて考えさせてくれる（面もある）。

現在では当然と思っている図書館の闊達な利用法は、歴史的教訓をくみ取った先人たちの努力によって導き出されたものである。その先人の一人清水正三氏が編んだ「戦争と図書館」（白石書店　１９７７年）は示唆に満ちている。戦争とは如何に人の精神を荒廃させ、踏みにじるものか。人命を軽んじ、人権を抑圧する体制なのかを学ばされる。

もう一つマスコミを賑わしているのがツタヤ図書館である。かねて関係者から疑問が呈されていたが、選書や分類などで危惧が現実化した。独自の分類と称して十進分類法とは別の基準で配架したものの、見当違いの分類により探し出すのが困難になったり、選書内容に問題があったりしている。

「公共」の観点から図書館を考えてみる必要があるのではないか。自治体の主体的図書館政策はあるのだろうか。街のアクセサリーや体裁、周辺とのバランス上の配慮から設置してはいまいか。住民の読書、学習の自由を権利としてではなく、恩恵的に設けてはいまいか。また手軽さ、気安さを強調するあまりエンターテイメント施設と同一視していないか。疑問は膨らむ。

公共図書館の側にも弱点は多い。利用者数貸出数を競い、評価の物差しにしていなかったか。司書は自己学習を深めて専門的力量を高めたか、利用者にわかりやすく説明し調査研究の役に立って来たか。反省点を数え上げれば頭を垂れざるを得ない。

「知への敬意」を秘めて現実社会と向き合い、本好きと共に歩み本好きをいかに育てるのか、この視点を忘れてはならない。

地方出版社の魅力

出張、観光、ドライブなど旅に出た際、余裕があるとその町の書店に寄ってみる。地元出版の本コーナーを探して手に取り、気に入れば購入する。ツアーのような団体旅行では味わえない、あくまで気ままに出かけた旅先の楽しみの一つである。

古書店もあればのぞいてみる。神保町や早稲田界隈のような都会の著名な古書店街とは趣の違う、思わぬ掘り出し物に出合うことが少なくない。近くに大学があると、また違う本が発掘できるから面白いし、その大学の特色と学生の読書傾向が想像できる。

ここ10年ほど秋田の無明舎出版に注目している。東北北海道にこだわった、一貫した姿勢での出版物が好ましい。無明舎に興味を持ったのは、加藤貞仁著「北前船　寄港地と交易の物語」を読んでからであろうか。北前船に興味をかきたてられて、いそいそと越前三国湊や加賀橋立村などを訪ねたものだった。東北・北海道には各地に義経渡海伝説が残っている。フェリーで釧路に帰省する際に、小樽に上陸したときは積丹半島の神威岬《かむいみさき》を訪ね、苫小牧航路利用の場合は日高町から日勝峠を越える。途中の平取町を抜ける、そこには義経神社があってお参りする。両方とも無明舎出版の伊藤孝博著「義経北行伝説の旅」に触発されたからである。

無明舎出版の代表である安倍甲氏は、名物編集者として名高い。無明舎からは年4回出版目録が送られてくる、安倍の所感と近況がつづられた「んだんだ通信」のファンで、届くのを楽しみにしている。日誌に某月某日〝2日に1冊のペースで読んでいる〟とあった、読書の速さとその量に驚く。さすがである。通信によると、父亀治郎の秘められた生涯を追った「昭和残映」を著した目黒孝二（北上次郎）とは遠縁だそうだ。安倍の親戚にも亀治郎同様本を愛し、非合法活動で投獄された人物がいたという。血の影響を語っている。

かなり前の通信に〝ローカリズムの厄介さについて〟書いている。何故偽書「東日流《つがる》外三郡誌」を生み出したのか、その土壌について考察している。大和朝廷成立以来、東北特に津軽は征服・搾取にさらされていた、近代でも明治維新時官軍による征伐の対象になり〝津軽人たちの血には征服されたものの恨みが流れている〟と。

広く存在する義経伝説・伝承の背景には、単なる判官贔屓とは位相を異にする東北人・北海道人の辺境性と中央への複雑な思いがこもっているのではないだろうか。北の順わぬ民の思いに通底するものがあると見るのは、北の血故であろうか。

❖ゆるくない人生に

～遠いまなざし～

古きを訪ねる

あるラジオ番組のパーソナリティの言葉が印象に残っている。「今日はどんな人に会えるかと思うと、朝起きるのが楽しみだ」と。人生の楽しみの一つに未知の人と思わぬ出会いをして、長くお付き合いすることがあるのかもしれない。

年齢を重ねると悲報が多くなる。だからこそ、新たな出会いは大切なのだろう。

I氏は北海道のある市立博物館の学芸員。彼から突然の電話があったのは昨年の春だった。学芸員と言うと古文書の解読に首をひねり、展示に工夫を凝らす歴史系、遺跡の発掘に汗を流し、土器の形状を考察する考古系を思い浮かべる。されど彼は毛色が違い、産業分野を研究対象にしていた。地域の経済活動、産業の消長と企業の興亡を調査し、記録にまとめていた。彼は東京生まれで、地元出身者には無い視点を持ち、古いしがらみにとらわれぬ有利さがある。

マリモで有名な阿寒湖に聳《そび》える雌阿寒岳は、今も噴煙を上げる活火山。昭和20〜30年代に硫黄鉱山が操業していたことを知る人は少ない。彼はそれを調査していた。私の父は採掘請負業者であった。消えつつある痕跡を追跡してよくたどり着いたものと驚く。わざわざ来てくれたのは間もなくであった。記憶のままを伝え、写真を提供した。

忘れられようとしている産業を調査し、実態を記録し博物館事業として構成しようとする企図に共感できる。博物館は一般的に古代から現代に向けての編年史的な展示・解説型が少なくない。そこに生産・労働の集積としての経済活動の要素を加えた郷土の形成史なら厚みが増し、親近感から従来より一回り広い人々を迎え入れることが期待できる。

資料展示（モノ）を通じて利用者に訴えかける手法は図書館にも共通する。この時何をどのように提供していくのか、観点の多様さが大切になると思う。過去の成功例にこだわっていては限界が近い。理念を持ちつつ社会と切り結ぶ、新たな冒険が求められている。

学芸員氏が私にたどり着いたのは、旧知の友人が二人ほど間に入っていたからと知ったのは暫くたってからであった。人と人の出会いの妙である。

思い出す人

暑い季節になると思い出す人がいる。Ｆさんである。埼玉県のある市で社会教育主事として長く活動し、公民館長や社会教育課長などを務めた。誠実な人柄で多くの市民と協働して企画実施した講座や教室からは、街づくりへの意欲が湧きたっていた。

敬虔で正義感の強いクリスチャンで反戦平和に強い使命感を持ち、公私ともに自分の信念を貫こうとしていた。ご母堂も同様で戦時中には大変辛い体験をされたと語っていた。

そんな彼から薦められた本の1冊にフランクルの「夜と霧」（みすず書房）がある。ユダヤ人心理学者のフランクルがナチスによる収容所での過酷な体験を客観視しつつつづった、かなり著名な1冊である。

軟弱な読者である私には、重く切ないそして悲しい内容であり、読み通すのさえ厳しいものであった。ほぼ絶望的な状況に置かれた人間はどのような思考と行動をするのか。収容者は希望的な噂を作り出し一喜一憂、それに振り回され、希望を失ったときに死につながるのだ、と看破して自身は常に平常心でいるように努めた。そして生還する。何という過酷な体験であろうか。

同時期のフランスに一人の知識人がいた。アナール派の中世史家マルク・ブロックは被占領下のフランスで敢然とレジスタンスを闘い、戦争末期にナチスの手により銃殺された。共に引き出された16歳の少年を励ましつつ、「フランス万歳」と叫んで銃弾に倒れたと伝えられる。私は彼の著「歴史のための弁明」（岩波書店）の冒頭「歴史は何の役に立つの、……説明してちょうだい」との近親の少年の問いに答えるためにこの本を書いた、とする一節によりブロックに強くひかれるようになった。

絶対的な危機にあっても希望と励ましを忘れぬ姿に、真の知識人像を見たように思う。希望こそ人が生きる必要条件であるとするなら、F氏は己の信念を貫いていた。私人に戻ると牧師に変身し信仰に生きる一方、育児放棄の児童、親を失った児童を引き取り児童養護施設の運営に邁進していた。退職後は施設長に専念し献身的な活動は地域で敬意を集めていた。今にも男声コーラスで鍛えた朗々とした声が聞こえてきそうな気がする。

ブルートレインの終焉

最後のブルートレイン〝北斗星〟が2015年8月をもって定期運行を終了した。豪華さを誇った〝トワイライトエクスプレス〟は3月に「同様の運命を辿った。車両の老朽化と北海道新幹線の試運転の頻繁化」がその理由だという。あまりピンとこない理由である。〝あけぼの〟〝北陸〟などもすでに廃止になっている。

かつては全国に寝台列車が運行され、60年代、70年代には最盛期を迎えたが、新幹線と高速バスの普及、さらには飛行機の大衆化により衰退の一途となった。

廃止が報じられると今のうちに乗っておこうと乗客が殺到し、最終列車などは発売とほぼ同時に売り切れるほどである。上野駅・札幌駅には多くのファンが別れを惜しんで詰めかけ、ホームがあふれんばかりであった。

上野駅の行き止まりホームは思い出深い。少年期には2泊3日の夜行列車で上京するしかなかった。そう、寝台ではなく夜行列車だった。固いボックス席に4人が座り、夜を過ごして函館からは青函連絡船に乗り換え青森へ。青森駅には夜行急行が待っていて深夜の東北を上野へ急ぐのであった。

牽引するのは蒸気機関車。煤けた顔の学生服姿の少年が上野駅に降り立つと、一目でお上りさんとわかる。そのホームは18番線であったように思う。

蒸気機関車の生きてるかのような息遣いと逞《たくま》しさには圧倒される。それをあやつり共に疾走する乗務員の姿を描き出したのが中野重治の「汽車の罐炊き」（角川文庫）である。運転する機関士ではなく、石炭を罐にくべる機関助士を主人公にして話は進む。投炭作業の過酷さ、一方では燻らせない技術、国鉄組織の実態が描かれ、労働者側と当局側の緊張関係にも筆は及ぶ。執筆当時の中野は転向して出獄、監視下にあった。そのなかでこれだけの描写力を発揮していて、力量がうかがえる。

お役御免になった蒸気機関車のうち運の良い車両は各地で保管展示されている。雨ざらしのそれを見るのは辛い。運行している地方鉄道もあるが、煙を噴き上げドラフト音を響かせて疾走していた現役時代が幸せであったろう。新幹線開通に沸く華やかな話題の陰で、昭和がひっそりと去っていった。

昭和の匂い

好んで手に取る本の著者に平川克美がいる。大田区の町工場を営む家庭に生まれ、大企業の下請け孫請けの町工場がひしめく下町で育った。戦後の経済成長を支えた技術が集積した職人の暮らす街だった。

彼はこの街をこよなく愛している。大学は理工学部を卒業し、翻訳会社を立ち上げて経営者としての経験を積み、やがてその立場から著作を世に問い、大学で教壇に立っている。

親の来し方と育った街の息吹と、自分の経験から繰り出す企業経営、日本経済の現状に対する発言は厳しい。経済成長こそが唯一至上のものであり、それによってのみ社会の繁栄や成熟、人間の幸せ、国威の発揚などを実現できるとするなら、これらは金で買える程度のものでしかないと語っている。

彼の書き物と風貌（写真でしか知らないのだが）を見ると井出孫六を思い浮かべてしまう。井出氏にはF市で公民館長をしていたときに講演をお願いした。ご自宅にお伺いして語り合う機会が2度ほどあった。美味しい羊羹を食べながらの楽しいひとときであった。お茶をこぼすというドジを演じて奥様の手を煩わせたことが思い出される。

講演では戦後初めて中国を訪れた際の体験を話された。鞍山を夜汽車で離れようとしたとき、闇の中から響いた「オゲンキデ……サヨウナラ」という日本人（と思われる）女性の一言が心に響いたという。そこから中国残留孤児問題を入口に昭和史を説かれた。「終わりなき旅」（岩波書店）には残留孤児の問題をライフワークとして取材した成果が著されている。そこで元大本営参謀の言として「満洲でやったことは強盗のようなものです。強盗の子どもを引き取って養ってくれたようなものです」とある。最早多言は不要。歴史を直視するべきと思う。

井出にはコラム集「昭和の晩年」（みすず書房）がある。私は時折紐解く。時の流れが押し流したもの、意識的に忘れ去られようとしているものを思い出したいからである。

平川は戦後の庶民風景を描き出そうとしている。グローバル経済と不義の政治に対置するのは額に汗する崇高さである。歴史を庶民の視点から語り続けようとする姿勢に、井出の顔が重なるのであろうか。何故なら、そこには昭和の風を感じるからである。

平川は昔風の喫茶店を開いたらしい。いつかはその扉を押してみたい。

子どもの頃の謎

あれは何だったんだろうか？ どうしてあそこにあったのだろうか？ などと幼いころからの不思議を抱えていないだろうか。小学生のときに川と国道に挟まれた街に住んでいた。小学校は城山小学校と言い、アイヌの砦跡の近くにあった。その砦は丸餅を重ねたような形状からお供え山と呼ばれ、よく登って遊んでいたが、モシリヤチャシとして国指定史跡になってからは柵がめぐらされて立ち入りは禁じられた。

その近くには小川が流れ、学校の前にプールと呼んでいた池のような水たまりがあった。今はもう無いのだが寒冷地でプールであるはずはなかった。水たまりに浮かんでいた筏《いかだ》に乗ろうとして沈みかけた思い出がある。一体なんだったのか疑問のままであった。

最近釧路の友人から送られて来た冊子を読んでいて、長年の謎が解けた。冊子「釧路地方の地名を考える会・五周年記念誌」によると「サルシナイ」がそれである。アイヌ語で「芦の生えている沢」の意味で沢水を集めた小さな川が釧路川に注いでいて、その流れが所々でせき止められた水溜りがあったらしい。その一つが私にとっての不思議であった。

東北・北海道にはアイヌ語地名が沢山残っている。例えば、○○ナイ、○○ベツなどは北海道でよく見聞きする地名である。共に川を意味する「ナイ」と「ベツ」は分布する地域に違いがある。研究者は4世紀から6世紀の間に変化があったと見ている。この変化は時代差があり、東北では分布地域が明確であるところからそれぞれの言葉を使う集団が入れ替わったのではないか、との説がある。

オホーツク人が南下することにより、北海道アイヌも南下して東北に進出し、言葉も変化したとするなら、言葉に止まらぬ日本列島の居住分布がダイナミックに変化したことが推定できる。瀬川拓郎著『アイヌ学入門』（講談社現代新書）は先住民族アイヌの基礎知識をやさしく教えてくれる。地名には魂が込められている。地形、地象、地勢などを表しているのが小字である。注意深く読み解くと教えられることが多い。谷、沢、サンズイの地名は水害に遭いやすく、住宅を購入する際は要注意である。

明治以来市町村合併が繰り返され、地域を知るには貴重な地名が消えていく。地名が失われることはその地域の歴史が忘れられる危機でもある。人と土地のつながりを大切にしたいものである。

「サビタの記憶」

日中戦争で疲弊した日本は展望なきまま太平洋戦争に突入した。その開戦日に当たる2015年12月8日の東京新聞は〝「サビタの記憶」が描くもの 開戦74年に考える〟と題する社説を掲げた。「サビタの記憶」は原田康子の短編小説。北海道の川湯温泉が舞台で、病弱な女学生が療養のために過ごしたひと夏の出来事が描かれている。感受性の強い少女は後年の「挽歌」につながる儚さを備えたヒロインにも通じている。心を通わせた同宿の青年比田は思想犯として連行される。小説は「その年の12月に、イギリス、アメリカとの戦争がはじまった」と結ばれている。

この短編は文芸雑誌「新潮」が募集した同人誌賞に応募するために、わずか2日間で書き上げたという。残念ながら賞は逃したものの「新潮」に掲載され注目を集めた。審査員の伊藤整に激賞され、中央文壇への鮮烈なデビューを果たし、後の「挽歌」の成功につながっていく。同人誌「北海文学」に「挽歌」の連載を始めたのは55年、翌年東都書房より刊行され、初版一万部だった。57年にはベストセラーになり、五所平之助監督、久我美子主演により映画化された。一躍時の人となった原田康子の祖先を辿ると釧路開祖の一人である海産物商原田幸吉にさかのぼることができる。祖父も雑穀問屋兼回漕業で財をなし、「原田御殿」「トンケシ御殿」と呼ばれる豪邸を構え、釧路経済界の大立者であった。

原田家の渡道と盛衰については自伝的小説「海霧」（講談社　２００２年）に詳しい。

原田康子について縷々《るる》述べてきたのには、二つの理由があった。一つは「挽歌」が映画化される際の釧路ロケで、自宅の前の高台が撮影場所になったことである。当時小学生であったので直接見物はできなかったものの、使われた家や立木はよく知っていて、悪童と遊んだ場所でもあった。また、大人たちが興奮気味に語り合っていたのが印象的であった。

もう一つは原田康子の弟と高校の同期で、何度か原田宅に遊びに行っていた。太平洋を望む丘の中腹に建つしゃれた家だったように記憶している。結婚していた姉は夫の転勤によってすでに札幌に転居していて、会ってはいない。今にして思うと残念である。

社説で原田康子の言葉が紹介されている「戦争は本当にろくなものではありません」と。終戦の一か月前釧路は米軍の空襲を受けた。釧路の象徴である幣舞橋《ぬさまいばし》に残る艦載機の弾痕は、博物館に保存されている。ろくなものでないことの証拠である。

カレンダーと暦

年末が近づくとお店や知人からカレンダーを頂く。世界の絶景を見事なカラー写真に誂えたカレンダー、干支の動物をあしらったカレンダー、数字だけのそれ、日本画風のものなど意匠を凝らしたカレンダーが揃う。

気に入っているのは二つ。知人の大工さんが必ず届けてくれる水墨画風の絵が四神相応になっていて記入欄が大きいカレンダー。これは居間にかけて、予定を記入しておく。家人もよく見るので、お互いに行動を把握しやすい。もう一つは、いつも切手ハガキを買っている近くの店からのものである。昔風の美人画が描かれた厚紙の下に12月分が綴じてある。日々の数字の脇には干支、六曜星、旧暦、二十四節季が配されている。カレンダーと言うより、暦と言うべきだろう。自室の机の横に下げて、季節感を確認している。

暦の面白さは格別だ。干支とは甲乙丙丁戊己庚辛壬癸の十干を五行により陰陽に配し、それに十二支を組み合わせて年、月、日を表す。六曜星は室町時代に中国から入ってきて時間の吉兆を表していた。大安仏滅などがそれで、因みに2016年1月1日は壬午《みずのえうま》友引となる。冬至、立春、夏至などは二十四節季になる。これは春夏秋冬に各六つ配され時候の挨拶によく使用されているが、冬至を起点として翌年の冬至までの間を24に分けてある。

愛用の暦には節分、彼岸などの雑節や年中行事、旧暦、農事歴も載っていて、読み物のように想像にひたれる。農家には草取り、種蒔きなどの作業、野菜類の播種《はしゅ》の時期が記載されていて非常に便利である。農村地区ならではのカレンダーである。二十四節季は太陽暦に由来していてやや異色だが、暦には旧暦の流れが色濃く反映されている。古典文学や歴史は旧暦の知識が根底にあると理解しやすく、年中行事の意味もよくわかる。

合理性が強調される現代でも、古より生活に密着してきた旧歴には季節感に満ちている。古来暦の策定は権力者の専権事項であったものの、京暦、会津暦、三島歴など地方で使用された暦は少なくない。〝商売繁盛のヒントが隠されている・天気の予測もできる〟と意外な話が盛り込まれている小林弦彦著「旧暦はくらしの羅針盤」（ＮＨＫ生活人新書）は、そんな旧暦の基礎知識を教えてくれる。

科学技術の未熟さ、脆弱性が露わになっている今日、暦を眺めて天体の運行と自然の流れに思いを馳せては如何だろう。

〈参考〉河合龍明 著「三嶋歴 古里の四季彩る」（日本経済新聞２０１５年10月16日）

夜空の三角形

東武東上線の駅から自宅まで歩くと約20分かかる。冬の夜遅く歩いて帰るのは、なかなかの苦行である。寒さに震えながら帰途につくときに、一つだけ楽しみがある。それは寒さがきつければきついほど見事なのである。

トボトボと下を向いていては、その楽しみに出会えない。思い切って夜空を見上げてみよう。凍えきった空には無数の星が瞬いている。漆黒の（と言っても、街灯の明るさが邪魔をしている）空が、どうだと言わんばかりに白、黄、薄赤などの硬質の光を投げかけてくれる。白と言っても青みがかった白さには惹かれる。運が良ければ秒速約7・7㎞で周回する国際宇宙ステーションを目撃できるかもしれない。

良く見ていて目が慣れてくると、微妙な色合いの違いと瞬きの時間差が解ってくる。冬の夜空でひときわ目立つのはオリオン座である。東の空から南天にかけて中天に斜めに並ぶ三つ星は星座に見当をつける目標になる。この星座のベテルギウス、小犬座のプロキオン、大犬座のシリウスを結んだ線を冬の大三角と呼ぶ。ペテルギウスは狩人オリオンの右肩にある星で、何と太陽の約１千倍の直径を持つ巨星、星の終末期を迎えて赤く見えるところから赤色巨星と呼ばれる。最後には大爆発を起こし、凄まじい明るさは昼間でも見えるはずという。地球からの距離は約６５０光年、もしかするとすでに爆発しているかも。

こんな風に空を見上げて空想に耽りながら歩いていると、寒い夜道も何とか凌げるものだ。壮大でロマンに満ちた天空は自分専用のプラネタリウムである。

宇宙とは何と不思議に満ちていることか。日本人宇宙飛行士の活躍や「はやぶさ」の帰還などで宇宙探査は身近な感じがしているものの、解明されていることはそれほど多くはない。太陽系すら十分な探査がされていない。人間が足跡を残したのは月だけ。これにも疑問が投げかけられているから面白い。数年前に火星が大接近して話題になっていた。その火星には水があった痕跡が発見され、生命発見の期待が高まった。果たして１３７億年の歴史を数える宇宙には人間以外の生命体が存在しているのだろうか。

宇宙は一つではない、とする説もある。悠久の宇宙に比して、人間世界のなんとせせこましいことか。寒い夜に、時にはほろ酔いで夜空を見上げてみよう。ＵＦＯが漂い宇宙人からのメッセージが届くかもしれない。

〈参考〉林　完次 著「宙ノ名前」（光琳社出版　１９９５年）

野菊のごとき君なりき

その名の通り木の一本も生えていない見渡す限りの禿山だった。寂しげな毛無峠の山中には赤さびた索道の鉄塔が巨人の如く立っているだけだった。この数基の索道の痕跡を見に行ったのは２０１５年の秋だった。浅間白根火山ルートを抜け、群馬と長野の県境に至る細く険しい山道を車高の低い乗用車で遮二無二に登ってきたのには訳があった。嬬恋村郷土資料館主催の「消えた硫黄鉱山展」での鉱山遺構の解説と写真を見たからであった。

鉄塔に触れ、写真を撮っているうちに風が変わってきて霧が登ってきた。あっという間に周囲を包み込み、近くに止めた車さえ霞んでいる。山の天気は変わりやすい、慌てて戻った車の中で晴れ間を待っていた。濃霧に包まれての既視感は昭和30年代の少年時代に連れて行ってくれた。

私の父は雌阿寒岳での硫黄鉱山の下請業者だったので夏休みには何度かヤマに行った。小学４年生くらいだったと思う。山頂の荒涼さ、苛烈さ、作業環境の厳しさは実感できる。噴火口間近での作業は危険と隣り合わせ、噴気は90度以上、時には２００度にも達した。そんな硫黄鉱山にも楽しい日常生活はあった。従業員の家族のための学校が設けられ、夏には祭りもあった。

夏休みの阿寒で一番印象的で今でも思い出すのは映画会だった。娯楽の少ないヤマでの貴重な楽しみだったのだろう。事務所前の広場に白い幕を張り、暗くなってから映写が始まる。莫蓙に座って観たのは「野菊のごとき君なりき」。戦前の農村を舞台に、15歳の少年と17歳の従姉との淡い交情を抒情的に描いていた。恋とは自覚しないまま心を通わせる二人を周囲は引き離そうとする。少年は中学校に、従姉は嫁にと。やがて従姉は婚家で早死にする、ぼろぼろと涙が止まらなかった。翌年も同じ映画を観たように思う。原作は伊藤左千夫の「野菊の墓」。木下恵介監督で映画化されたのは昭和30年だった。私にとっては映画の方が感慨深い。

毛無山に誘い、少年時代のこんな思い出に導いたのは送られてきた紀要抜き刷りを読んだからであろう。父の片腕として採掘に挑んだ鉱山技術者A氏の体験談がつづられていた。釧路市博物館のI学芸員の手になるオーラルヒストリーである。嬬恋村の「消えた硫黄鉱山展」で出会った小串鉱山の元鉱員は誇りに満ちていた。同じ風格をA氏に重ねた。歴史とは人と共にある、それを残し伝える役割を博物館が果たしてくれている。

熊本地震からの連想

震度7の地震が2度にわたって熊本を襲ったのは今年（2016年）の4月だった。直接の死者だけでも50名、推定被害総額は約4兆6千億円とされ、家屋・インフラの被害は甚大だった。崩壊した熊本城の姿を見ながら呆然としていた。天下に名高い熊本城と、豪快な放水で知られる通潤橋は是非行ってみよう思っていただけに、痛々しい傷跡は衝撃的であった。熊本にお見舞いすべき友人知人はいなかったかな、と考えていたら二人の顔が思い浮かんだ。姜尚中と夏目漱石の顔だった。姜は朝鮮戦争のただ中に、熊本駅近くの韓国・朝鮮人集落に生まれた。自身が語っている通り「在日」二世である。知的な風貌と穏やかな語り口に惹かれている。

文豪夏目漱石はかつて熊本に置かれた旧制五高で英語教師として教鞭をとっていた。時代も歴史的背景も違うこの二人を結びつけるものは何であったのか。それは小説「三四郎」にある。姜はことのほか三四郎に共鳴しているように思う。「わたしたち一家は、熊本大学のキャンパスを見下ろすことのできる立田山のすぐふもとに引っ越しすることになった。……夏目漱石の『三四郎』に登場する山としても知られているほどである。

三四郎は旧制高校を卒業後東京帝国大学に進学のため夜行列車に乗る。そこで不可解な女と同宿せざるを得なくなり優柔不断な田舎者と揶揄されたり、〝日本は亡びるね〟と言い放つ広田先生との運命的出会いもあった。こうして世間に目を開かされるのだが、姜も同様に熊本から東京への遊学を目指す。折から東大闘争が激烈化し学生運動の高揚期で、東京大学の入試は中止になった頃であった。地方から東京への進学は、大きな希望とそれに同じくするくらいの不安と負担感を負っている。日本は一番好きな国、愛すべき国だが同時に一番嫌いな国である。朝鮮半島にも同様の気持ちを持っていた、とも語っている。こうした二律背反的な心情も同時に抱えていて、それらと相俟って三四郎の抱いた違和感に共感しているのかもしれない。

漱石の描いた三四郎の当惑のひとつは明治という新しい時代の中での自分の存在と将来への漠然とした不安。二つ目に旧制高校・帝国大学に代表されるエリートの教養の在り方と、それに付随する人間関係であろう。漱石自身の明治という時代への苦悩を色濃く投影しているように思う。

〈参考〉姜尚中 著「在日」（集英社　２００８年）

❖心しばれる夜に

～土建屋のまなざし～

企業と家業

大手家具店の経営権を巡る内紛が大きな関心を集めた。株主総会の結果は現社長（娘）側が会長（父）側に大差をつけての勝利であった。父親が一代で地方の家具店から1部上場企業に築き上げた典型的な同族企業である。家族を真っ二つに引き裂いての対立はマスメディアの恰好の報道対象となり虚実取り混ぜて面白おかしく伝えられた。

争いは法廷に持ち込まれた、司法の判断や如何に。一概にどちらの主張が正しいのか論じにくいが、時代感覚が問われているのであろう。

私には30代のころ父の建設会社で働いた経験がある。世代、発想、社会観の違いにより相容れないところが少なからずあり、必ずしもしっくりといかなかった。

そんなあるとき、若手経営者の集まりで聞いた講演で腑に落ちる指摘があった。「お前たちの会社は企業でない、家業だ」と。その通りだ、と思った。北海道の零細企業の多くは父の代（せいぜい祖父の）に商売を始めた歴史と底の浅さがある。規模と資本蓄積において個人商店の域を出ないのである。残念ながら認めざるを得ない。かの家具店も父（と母）の家業から、企業への脱皮を目指す娘の感覚の違いであった、と見るのは穿ち過ぎだろうか。

唐の二代皇帝太宗と臣下の問答を記した「貞観政要」は歴代皇帝の帝王学の必読書であった。貞観の治と呼ばれ唐の最盛期を担った明君と個性的で有能な臣下の問答は、教訓に満ちている。

太宗が臣下に問う「帝王の業、草創と守成と孰《いず》れか難き」かと。これに対し先代と共に戦場を駆けた房玄齢は創業を主張し、別な苦労をしてきた魏徴は守成を支持する。果たして太宗はどう裁断したか。布目潮渢『「貞観政要」の政治学』（岩波書店）にはこの対話が詳細に考察されていて、学ぶところが極めて大きい。

かの家具店の路線対立を、親子の年代の差や経営手法の違いだけに帰するのではなく、「創業と守成」論議の現代版として見るのも興味深い。但しその成否は、度量の広さを備えたトップと仕事に誇りを持ち不利益を恐れず直言できる役員・社員がいるかどうかにかかっている。

学びは現場から

2015年の4月12日早朝、秋葉原駅と神田駅の間で架線の支柱が倒れ、先端がレールに接触していた。山手線・京浜東北線がほぼ9時間にわたって運転が見送られ、その影響は約41万人に及んだと報じられた。

その支柱の傾きは早くから認識済みで、当日朝には保守担当の職員が現場で確認し、写真撮影までしていた。傾きは何と10・5度に達していた。驚いたのは、それなのに何の対策も取らなかったことである。「現場力の低下」という言葉が思い浮かんだ。

私はかつて郷里で家業である建設業に従事していた。とにかく現場から学ぶということで工事のあれこれを叩きこまれた。現場は生き物、同じ現場は存在しない。現場を注意深く観察して安全確保と労働災害の危険性には先手を打たねばならない。降雨が予想されるなら掘削箇所の防護をするなどリスクを回避しなければならない。

一度事故や手直しがあるときわめて高いものについてしまう。まさに安全はすべてに優先するのである。

ここに一冊の古い本がある。「鉄路の闘い１００年─鉄道防災物語─」（山海堂）である。国鉄の保線部門が編纂した、鉄道を守り続けた縁の下の力持ち達の記録である。台風、集中豪雨、豪雪、斜面崩落などに対峙してきた貴重な体験が語られている。

危険箇所を急報し「列車よ止まってくれ」と念じ、「鉄橋が雪崩で吹っ飛んだ」と怒号し、「災害は思わぬところにやってくる」と注意を喚起する。先人は文字通り体を張って安全運行に努めてきた（はずであった）。つまり真摯に現場から学び、経験を積み上げ乗客の安全を守り、鉄道事業者の誇りに生きて来たのであろう。

国鉄の事業を継承したＪＲは保守管理現場にどの程度の権限を与えていたのだろうか。現場職員はどのように判断し上司に報告したのか、それを上司は受け止め他部門と協議したのか、疑問は深まる一方である。

この出来事は神経を研ぎ澄まし、現場に謙虚であったなら避けられたはずだ。どの組織にも共通するのだが利益至上主義、体裁、面子などに惑わされず、現場に裁量権を与えるべきであろう。現場には答えが存在しているはずだから。

白銀の恐怖

季節はめぐり雪便りが報じられている。スキーヤー、ボーダーにとってはいよいよ季節到来、と自慢の道具を磨いているのだろう。

北国雪国の人間にとっては、寒気に加え雪との戦いの開幕である。

２０１４年2月の2回にわたる豪雪での大きな被害は記憶に新しい。普段雪への備えのない首都圏では混乱を来し、千代田区大手町では2回とも積雪は27㎝となり交通機関は乱れた。14～15日の被害は全国で死者重傷者多数、住戸の全半壊62戸に達し、ビニールハウスの倒壊、電線着雪による停電などが発生した。関東甲信地方の各地で観測以来の最深積雪を記録した。生活道路が不通となり山間地では集落が孤立するに至り、解消には相当な日数がかかり高齢者の多い集落では不安が募ったと報じられた。

この報道で直感したのは〝建設業界の衰え〟であった。所謂建設業者だけではなくオール建設業である。県・市町村直轄の除雪部隊が存在せず、補完する業者も除雪に転用できるグレーダー・タイヤショベルなどの重機と熟練したオペレーターを抱えていられないという現実があるのではないか。

北海道で過ごした冬には、怖かった思いは何度もある。原野の真ったただ中で吹雪に遭遇すると白一色の世界となり、横殴りの雪や地吹雪に視界を奪われ、数少ない先行車の赤い尾灯を見ながらの運転になる。そんなときに黄色回転灯を回して除雪に当たる地元業者の重機に頼もしさを感じ、国道では開発局の、道道では道庁土木現業所の除雪車に先導されると〝地獄で仏〟の思いがしたものだった。市街地に入ると市役所の除雪車と協力業者の除雪車が生活道路を確保していた。

関東圏に同じ体制を求めるのは無理だが、建設業の衰えは公共工事を悪として一律に叩いたところにある。

高度成長期に建設された道路、橋などのインフラが老朽化し継続的な補修・メンテナンスが必要である。しかし、担うべき業者が減り経験豊かな技術者・作業員が不足し始めている。利権構造としての公共工事は許されないが国民生活の危機に繋がっては本末転倒である。

この教訓から正か邪の二者択一ではないバランスのとれた思考が望まれる。

〈参考〉山岡淳一郎 著「インフラの呪縛」（ちくま新書 ２０１４年）

旅行の必携物

旅行をするときの肩掛け鞄にはコンベックスと水平器、ルーペを必ず入れている。勿論小振りなノートと文庫本も。

一望千里の絶景も、山容巍巍《さんようぎぎ》たる山並みも、遥かな大海原に沈む夕日も、噴煙を上げる火山も大好きで、自然の造形の素敵さに絶句することでは人後に落ちない。どちらかと言うと草原や山よりも海の方が好みである。白波の押し寄せる海岸線を行く列車はいつまでも見ていたいし、悠然と出航していく船にも憧憬がある。その列車を牽いているのが蒸気機関車であり、出港する船が青函連絡船なら懐かしさに涙で滲んでしまうだろう。

では何故測量観察用具が必携なのか。実は歴史的建造物や巨大な構造物に感動をしてしまうからである。ダムは無駄……と思う一方では巨大さと技術力の高さ、施工の困難さを想像してコンクリートの表面を撫ぜてしまう。

余部鉄橋が健在だったころ、百年前に建設されたその部材の長さ厚さなどにコンベックスを当て、メモしていた。城郭では柱の太さを計り、レベルを当てて垂直水平を確かめる。まことに「怪しい客」である。高速道路、長大橋、海底トンネルなどは建設技術と施工能力、維持管理能力の高さを示している。

近代的な建造物に興味津々の一方、古代・近世の遺跡や建造物にも関心が深い。吉野ヶ里遺跡や三内丸山遺跡の巨木、地震にも倒壊しない五重塔、城郭の石垣などにもため息が出る。クレーンは当然のことブルドーザーもバックホーもない時代にどんな工法を取ったのか考えてしまう。また精巧で繊細な工芸品の製造技術の高さは、現代でも及ばない技能が発揮されている。

技術面での疑問についてわかりやすく解説されているのは講談社ブルーバックスシリーズである。「古代日本の超技術」は楽しく読める。実験的な取り組みを紹介したものでは、巨大な木ゾリを復元し実際に巨石を運べるか実験した「修羅―発掘から復元まで」（朝日新聞社）が面白い。

遺跡や建造物の工法・技術という視点を重ねて歴史を訪ね歩くのは刺激的である。

〈参考〉　志村史夫 著「古代日本の超技術」（講談社ブルーバックス　1997年　同書改訂新版　2012年）

12号線の悲劇

北海道の国道12号線には日本一長い直線部分がある。夏に走った経験がある。約29キロメートル続くアップダウンの向こうに陽炎が立ち、彼方がゆらゆらと霞んで見える北海道的な風景である。その砂川市内で２０１５年６月６日深夜発生した交通事故は、その悲惨さ悪質さにおいて戦慄を禁じ得ない。飲酒の上公道レース紛いの２台が赤信号を無視して交差点に進入、走行中の軽ワゴン車に衝突し家族４人が死亡１人重体の事故を引き起こした。交通事故というより重大犯罪で許し難い行為である。

大排気量大馬力の高性能車をもつと、スピードの魔力に取りつかれるのは想像できる。他車より早く走りたい、自分のテクニックを誇示したいという欲求が発生する。しかし、それにブレーキをかけるのは人間の理性であり、モラルである。

こうしたメンタリティとは一体何なんだろうか。田中光二の小説「白熱（デッドヒート）」は、信号グランプリで敗れた若者がプライド回復のために再戦を求めて遍歴する物語である。

同「ビッグ・ラン」は、ある富豪の呼びかけで集められた暴走族の頭株が、本州一周の闇レースを展開する。続発する不可思議な事故、生まれる奇妙な連帯感、そして真の狙いとは。ミステリィ仕立ての小編である。

もとより非合法の反社会的な話ではある。暴走する若者の心理と車という特殊な存在を理解する一助にはなる。

私はこれまで20台近い車を乗り換えた車マニアである。若いころはラリーに燃えていた。510ブルーバード、A73ランサーなどを乗り継ぎ、草ラリーに参戦していた。あるラリーで腕の差、格の違いを自覚させられ、その後遠ざかった。車の運転とは奥が深く、複雑な応用問題を解くが如しである。

長い車生活から学んだ運転術の極意とは、確実に基本動作を行うことと自分の腕を知ることである。基本性能の向上、オートマチック車の普及などにより誰でも手軽に運転できるようになった一方、走る曲がる止まるといった基礎技術とマナー、遵法精神が低下しているように見受けられる。メリハリの無い、自己中心の漠然とした運転は危険極まりない。車は一瞬にして凶器に変貌する。もっと畏れるべきである。

中央フリーウェイ

ある夜FMを低くかけながら読書をしていた。やや飽いたころ、耳にした曲に何やら反応するものがあった。松任谷由実の「中央フリーウェイ」だった。

70年代、車マニアの仲間とよく富士スピードウェイのレース観戦に出かけた。圏央道は影すらなく、朝4時起きして渋滞の16号線を八王子に出て、中央高速に入るとホッと一息ついたものだ。そんな時ラジオから決まって流れてきたのがユーミンの曲であり、トラックドライバーに人気の八代亜紀であった。

閉鎖空間のサーキットをオープン2座席の大排気量エンジンを搭載したレーシングカーの疾走する様は、まるで別世界の出来事であった。市販車ベースの改造車によるツーリングカーレースは日産、マツダ、トヨタなどの大メーカーが面子をかけての激しいバトルが日常的であった。腕一本でのし上がってきた百戦錬磨の専属レーサーが、時には接触やブロックを辞さぬ真剣勝負を演じていた。

高性能化した車をあやつるにはそれにふさわしい技能が求められる。早く走るためにのみ製作されたマシーンをあやつるのを生業とするレーサーのテクニックと動体視力は常人を超える。そのレーサーも事故とは無縁ではない。少なからぬレーサーがレース中やテスト中の事故で命を失っている。F1のトップドライバーでさえ例外ではなく、日本でも相当数のレーサーが悲劇を迎えている。プロ中のプロでさえこうなのである。

「レーサーの死」（黒井尚志著　双葉社）は関係者の証言により、幾つかの事故の背景と波紋を追っている。運転ミス、マシーンの不良、コースの不備、大メーカーの傲慢さなどを追及する視点は鋭い。

若者の車離れ現象が顕在化し、その実態調査と対応が進められている。車の魅力を感じない、経済的に持てない、環境への配慮、趣味の多様によるなどその理由は多様である。

欧米のような車文化が日本に定着しなかったと言える。単なる移動手段ではなく、一種のロマンととらえるマニアも少なくない。

豊かな社会の象徴であった車の位置づけが変化していくのは避けがたい。身近な公共交通機関の在り方、道路設計の発想転換、暮らし方の変化などを踏まえた社会的に持続する交通観の合意が求められる。

名を惜しむ

横浜市の大規模マンションに傾きが発見されて、問題が深刻化している。事態のすべてが明らかになっていないものの、基礎工事の杭打ちに問題があったと推定される。原因はやがて解明されるだろうが、建設業の信頼が揺らぐ事態である。

販売元、請負業者、下請業者、孫請けの杭打ち業者などはいずれも日本を代表する三井・住友・旭化成等財閥系の看板を掲げた有名企業である。例によって社長や責任者が会見し釈明に努め、揃って頭を下げる姿がテレビで報じられている。どこまで責任を感じ、住民の苦悩に向き合っているのか疑問を感じる。

施工管理とは建設工事全般を管理し運営する仕事を言う。工事請負が決定すると現場に乗り込み、着工から竣工までのすべてに責任を負う。

施工管理とは、1品質管理、2工程管理、3予算管理、を指す。品質管理とは設計図書の指定する通りの出来上がりで、発注者の期待する高品質を追求する。工程管理とは決められた工期内でできる限り早く仕上げることを言う。予算管理とは請負代金を精査して実行予算をたて、可能な限り無駄を省いて利益を生み出すことである。簡単に言うと「良く、早く、安く」と表現される。

だが業者は利潤追求の宿命から「良く、早く、安く」が往々にして順番が逆転し、「安く、早く、良く」の順になってしまう。施工管理の原則を大切にしなければならないのである。

今回のマンション事件の現場担当者は施工管理の原則は知っていたはず。どこで踏み外したのか。想像するに発注者、元請、下請、孫請、ひ孫請など建設業特有の重層構造のひずみの中で工期と予算の重圧を受けたのではなかろうか。マンションは完成前に売り出し、入居時期が決まっていることが多い。竣工日を遅らせることは出来ないし、元請から提示された工事費を超過するのも許されない。するとどこかに無理が生ずる。

工事に馴れが出てしまい、倫理観が低下したとは思いたくはない。性善説でありたいとは思う。工事に携わる者は自分の仕事を誇りたいはずだから。

私の苗字は比較的希少である。母からは「ありふれた苗字ではないのだから、悪いことをすると覚えられるよ」とよく言われた。信用を得るのは難く長い積み重ねが必要だが、失うのは一瞬である。有名企業だからこそ看板を大切にしてほしい。

地下鉄に乗って

駅で電車を待っていると、普段見慣れている東武電車とは車体デザイン、塗色の違う電車が入ってくる。相互乗り入れが普及して地下鉄を含む複数の鉄道会社の電車が東上線を走っている。横浜方面から乗り入れてくる東急電車は東上線に比べるとスマートで都会的に見えるから不思議だ。

混雑するターミナル駅での乗り換えが不必要になり、利便性は向上した。埼玉西部から横浜中華街やみなとみらいに行くには便利になり、何度か利用している。ところが時折遅延や、運休になる場合がある。はるか遠くの場所で事故や故障が発生すると、こちらまで影響が及ぶ。相互乗り入れには工事を含む路線の整備と運用の妙が求められている。

鉄道路線図を見ると、都内各所で各鉄道路線が輻輳し、どのように交差させているのか疑問になってしまう。鉄道マニアであり土木技術に興味のある私としては、そこに格別な魅力を感じている。乗っていると妙に不自然なアップダウンがあったり、やや無理なR（半径）

による急旋回を感じたりする。ホームに降りて出口に至る間に変なでっぱりが存在したり、迂回しすぎだったり、上り下りが多すぎたりして素直に出られない場合がある。

何か知られざる空間が地下にはあるのかもしれない、と疑問が浮かぶ。秋葉俊著「帝都東京・隠された地下網の秘密」（洋泉社　２００２年）はその姉妹編と共に、見えざる地下に潜む謎に迫る探求心を満たしてくれる。古い資料や図面を発掘し研究した著者によると、戦前の東京にはすでに一定の地下鉄網が完成していた。また政府や陸軍用の地下通路も造られていたという。陸軍による東京地下要塞が建設されていた、とも記している。つまり東京の下にはもう一つ東京があると主張している。

その真偽を確かめるすべは無いものの、地下鉄や地下道の不自然な曲りや上下には何かがあるのかもしれない、そうなら面白い。想像をかきたててくれる。

地下には鉄道、道路、上下水道、電信電話線などが埋設されており、都市の機能を支え暮らしに直結している。後から建設する場合は既設物を正確に把握し、厳密な測量によって路線を確定しなければならない。10センチメートル単位でかわしていくとも聞く。直接目に見えない構造物を避けながら複雑な経路を造り上げる工事の技術力の高さに驚く。実際の困難さは相当なものであろう、現場技術者の努力に敬意を表したい。

科学博物館にて

春風に背中を押されるように上野に出かけた。Ｄ51蒸気機関車の鎮座する科学博物館が目的地だった。初見学は中学生のときだったろうか、重厚なつくりの館内に入るとフーコーの振り子が揺れていた。地球の自転を目前にして呆然としばらく眺めていた。それ以来何度も出かけている。展示物の素晴らしさは勿論、建物にも惹かれている。

今回のお出かけは、ミニ企画展「日本の海運博物館」を見たいが故だった。琴平海洋・青函連絡船などの４館を紹介していた。展示そのものは小規模であったが、収穫はヒットネットと称する産業系博物館の連絡機関の存在を知ったことである。

帰りに売店で入手したのは「日本の地震活動」地図。北海道から九州沖縄に至るまで、ほぼ日本列島を縦断して主な被害地震が表示されていた。１１０の活火山がそれに並行している。改めて日本が地震大国であり、海面から突き出た火山の頂に形成された国土であることを教えられた。この数日後に熊本地震が発生するとは、偶然とはいえ慄然《りつぜん》とさせられた。未だ収束には至らず、かなり強い揺れが続き住民の不安は募る一方である。死傷者が相当数に及び、家屋の倒壊やインフラの被害も深刻である。被災者の苦難を思うと心痛む。

私も幼年期（１９５２年）に十勝沖地震に襲われた。地震の揺れと津波の恐れに、怯え切っていた。警報解除後も夜寝るのが怖かった。地震とは子どもにこんな恐怖感を植えつける。熊本の被災者の心情は自分の体験からも痛いほど理解できる。

地震地図を眺めていて不安になるのは、地震多発地帯と活火山に近接する原子力発電所の存在である。福島の教訓は原子力を人間が制御しきれていないという事実である。安全神話と廉価なエネルギーであるとする虚構にとらわれていないか、心配になる。事故があっても想定外だから責任はないとするなら、政治や行政は何を学んでいたのだろうか。

地震学者火山学者は地道に観測分析に取り組み研究を重ねているものの、確実な予知には至っていない。古文書や郷土資料には災害の経験が数多く記されている。歴史学考古学など幅広い分野と連携した総合的な研究が望まれる。そこには資料の収集保存に長けた博物館図書館などの手法が生きるのではなかろうか。科学は万能ではない、事実に向き合う謙虚さが求められている。

〈参考〉東京大学地震研究所「日本の地震活動」（東京カートグラフィック）、佐野貴司 著「地球を突き動かす超巨大火山」（講談社ブルーバックス　２０１５年）

❖ややこしい時代に

~憂いのまなざし~

わが街が消える

全国自治体の約半数に相当する896市町村が消滅するとの報道が、地方都市を震撼させた。「日本創成会議」が2010年の国勢調査を基に試算したいわゆる「増田リポート」である。同会議は増田寛也元総務相・元岩手県知事を座長とし、学者、経営者、元官僚が主要なメンバーの民間研究機関である。

地方から東京への人口流出は懸念されていた。大都市圏への人口流出による地方の人口減は深刻である。特に東北北海道では自治体の維持すら困難になっている。

ドライブ好きの私は帰省する際、時間に余裕があるときは車を使う。新潟港から日本海周りのフェリーに愛車と乗船し、北前船の故事を偲びつつ海の旅を楽しむ。小樽港に早朝上陸すると一路釧路を目指す。高速道路を使わず国道を疾走する、石狩圏では美唄、三笠、赤平を過ぎR38を釧路圏に入ると尺別、音別を走り抜ける。このいずれの旧産炭地、市街地には人影なく、すれ違う車はまばら。著名な炭鉱町として栄え、北海道人には馴染み深い町はまさに消滅寸前である。悲しいことである。

実感として、「増田リポート」の提起は理解できるのだが、何かストンと腑に落ちないのも事実である。

２０１５年6月「創成会議」は新たな提言をした。団塊世代が75歳を迎えるころになると首都圏では介護施設不足が深刻化して受け入れ不可能になる。そこで介護施設に余力のある地方に受け入れを求め、東京圏からの移住を含めて考えるべき、とした。

ここで私はかねて感じていた違和感の正体がわかった。「上から目線」がそれである。「現代の姥捨て山」と批判する声も上がっている。地方都市には消滅の危機を喧伝する一方で、集中させた人口が高齢化して介護不可能になると地方に押しつける。ご都合主義が透けて見える。好況時には若年労働力を吸い上げ、落日になると地方に押しつける。

計量的分析は精緻であるものの、生活者の息遣いが感じられない。地方が疲弊し崩壊寸前に追い込んだ原因を明確にせず「消滅するぞ」と脅しをかけているかのようである。そこに生をうけ、学校に通い、友と遊び、働き暮らしてきた人々の存在とその人生への想像力の欠如が感じられる。

〈参考〉増田寛也 著「地方消滅」（中公新書　２０１４年）
山下祐介 著「地方消滅の罠」（ちくま新書　２０１４年）

法にかない理にかない情にかなう

歴史に翻弄された沖縄は太平洋戦争末期に壊滅的な打撃をこうむり、未だに米軍基地の桎梏《しっこく》に苦しんでいる。危険な普天間基地移転を名目に辺野古への新基地建設が進められている。沖縄県民の意思はノーであった。翁長知事を先頭に反対の声を上げ頑強に抵抗を続けている。

その映像で思い出したのは、昔映画館で見たニュースの一場面であった。独特の語り口で読まれる白黒の画面には斜面に延々と築かれた建物と看板が映し出されていた。いわゆる〝蜂の巣城紛争〟である。

１９５３（昭和28）年６月九州地方を襲った集中豪雨は大分熊本両県に死者１４７名を含む甚大な被害を発生させた。当時の建設省九州地方建設局（九地建）は筑後川上流の津江川と大山川に治水ダムを計画した。松原ダムと下筌《しもうけ》ダムである。これが紛争の発端となった。

九地建は１９８１（昭和56）年現地測量を開始した。地元の了解を得ずに測量の邪魔になる立木を伐採し、田畑に踏み込む。調査員の横暴な態度などが住民に怒りを醸成させ不信を募らせていった。翌年になってようやく住民への説明会を開いた。ダムによる水没が明確になったことにより一気に反対に傾き、「建設省及びその関係者面会謝絶」の木札が一斉に掲げられた。

松下竜一によると「その木札がこれから十三年間という永く凄まじい国家への抵抗宣言になるのだとは、その時まだ誰一人思い及ばぬことであった」（『砦に拠る』筑摩書房）という。反対運動のリーダーであった室原知幸氏は地元の大山林地主で「大学さん」と呼ばれ、大卒の誇り高く狷介《けんかい》な人物である。一切の仲介を排して、孤高の闘いを展開していく。土地収用法による強制執行に抗して斜面に砦を築き、先祖である楠木氏を彷彿とさせる戦術で攻防戦を戦う一方、法には法をと法廷戦術もとる。やがて結束が崩れ、蜂の巣城落城を迎える。

「公益」と私権の関係は如何に、住民への謙虚にして誠実な姿勢とは、と問い続け敢然と国家権力と対峙した気骨と気迫は燦然《さんぜん》と輝いている。

私も行政の片隅に身を置いた者として室原氏の「行政は法にかない　理にかない　情にかなう」べき、という言葉に蜂の巣城を思い浮かべ、その重さ深さを思い知らされる。

人物の重さ

政治不信が語られて久しい。国家運営の基本であり、社会の根本規範である憲法を軽視し否定するがごとき言動をして恬《てん》として恥じない政府高官。高級官僚の無責任ぶりもまた恐れ入る。偏差値秀才で、目端が利き弁の立つ聡明才弁と軽佻浮薄は紙一重であろう。理想を貫く気迫を持ち、厚み重みのある生き方を貫く政治家待望の声が聞こえる。

私が尊敬する唯一の政治家は、石橋湛山である。すでに鬼籍に入って久しいが、今日の政治の有り様から自由主義者石橋湛山を惜しむ。

彼の数多い魅力の一つ目は、その出処進退の見事さである。1956（昭和31）年の自民党総裁選挙に僅差で勝利し、年末に首相に就任した湛山には、その硬骨さ清潔さに期待が高まる。好事魔多し、病に倒れ翌2月に辞任する。僅か63日の在任であった。この潔さは見事と言うほかはない。社会党の浅沼書記長すら惜しんだほどである。戦前、浜口雄幸がテロに遭い登院できない事態に陥った際、湛山は進退を決すべし、と評論している。

26年後に己に降りかかり、その言が脳裏によみがえったのだろうか。自分の言葉に背かぬ立派な引き際であった。

二つ目は軍部の圧力に抗してジャーナリストとして「小日本主義」を掲げ続けたことである。戦前の領土拡張、勢力範囲拡大を目指す政策は軍事上経済上益無し、と断じ内政を改善し個人の自由と活動力を伸ばすことを掲げる「小日本主義」を主張したのは湛山の本領であった。湛山は日蓮宗僧侶杉田湛誓の子として生まれ、事情があり母方の姓を名乗る。甲府中学を経て早稲田大学に入学し哲学を学んだ。

卒業後に東洋経済新報社に入社、哲学科出身ながら経済学を猛勉強する。自宅のある鎌倉から東京まで原書を読みふけり、一度も顔を上げなかったというエピソードもある。

時流にこびず、群れずにリベラルの旗を掲げ続ける志の高さに打たれる。何より言動と行動を一致させて生涯を貫いた稀有な政治家であった。現代の政治家にこれを求めるのは無い物ねだりであろうか。

中学で2度留年した故に出会った大島校長は札幌農学校でクラーク博士の謦咳《けいがい》に接し、湛山また校長に薫陶を受けたと語っていることも親しみを感じる所以《ゆえん》かもしれない。

〈参考〉「湛山回想」（岩波文庫　1985年）、「石橋湛山評論集」（岩波文庫　1984年）

自己形成を考える

２０１５年の夏は忘れ難い。戦後日本の平和志向に真っ向から変更を加えようとする安倍政権側と、憲法の精神に悖《もと》るものだとする側とが激しく対立した。国会前には連日万余の国民が詰めかけ国の行く末に危惧の声を上げていた。世論調査においても反対意見はほぼ６割を超え、性急すぎるとする見方は８割に達していた。

私も子や孫に申し訳が立たぬの一心で何度か国会前に出かけ、山の枯木の如く立っていた。そこでは昔とは違う風景に出合った。寄り添って立ち尽くす祈るような表情の老夫婦、幼子を連れた若い母親、小学生くらいの子どもの手を引いた親子、仕事帰りの颯爽としたＯＬ、スーツ姿の紳士など、組織とは無縁の国民の姿であった。こうした国民の声は一顧だにされなかった。

反対運動で異彩を放ったのはシールズと呼ばれた学生グループだった。60年代70年代の学生運動とは明らかに体質の違う、今風の若者達であった。

反対運動は実らなかったものの、新しい希望を見た様に思う。それが何か明らかにならぬまま本棚をのぞいた。これだと手に取ったのは北田耕也著「日本国民の自己形成」(国土社)だった。憲法学習の大切さをその困難さから説き起こし、政治における国民不在の諸施策と軍国主義復活の危険性に言及している。「私」を「公」に吸収しようとする動きに注意を促し、新しい「公」を創出することが市民運動の中に現れ始めていることに希望を見出している。その視点から国権の肥大に抗する国民の自己形成を呼びかけている。

読み直してみてストンと胸に落ちた。これだ、新しい民主主義のうねりとは自己形成を促していくことであろうと。初出は半世紀近く前ながら今に通じる。国民の多数意見とは逆の政治を反面教師として、国家という仕組み、自分たちの生活を見直していく、学んでいくことが大切ではなかろうか。

私達は多くのことを夏に学んだ。民主主義の在り方、政府と国会の関係はもちろん、立憲主義、法的安定性など法学部出身でなければ縁の無かった言葉の意味を考えさせられた。

北田氏風に言えば、政治・文化・教育・伝統を自分の中で構成して高い価値につくり替えていく作用であり、批判的視点から自己形成に結び続けることであろう。

文学部の逆襲

この穏やかならぬ表題を掲げて、名古屋大学文学部は２０１４年３月に公開シンポジウムを開催した。「文学部をめぐる現状に一矢を報いようと催した」との主催者の弁である。文学部志望者は減り続け、文学部は消えつつある。私立大学の文学部は１９９９年度〜２００４年度の５年間に１割以上減少し、学生定員は２割以上減少していると言われている。

国立大学においては文系学部の縮小再編が進行し、文理融合型の新学部に改編する動きが盛んになっている。この背景には文部科学省の大学政策がある。同省国立大学法人評価委員会の２０１４年８月付の提言によると、「教員養成系学部・大学院、人文社会科学系学部・大学院については（中略）組織の廃止や社会的要請の高い分野への転換に積極的に取り組むべき」（文科省ウェブサイト）と主張している。

名大の日比嘉高は、その著で〝社会的要請の高い分野だけからなる学校、それは大学universityとは言わない。大学の中には宇宙・世界universeが入っていなければならない〟

と強調している。一見無用に見える学問や知識の蓄積にこそ見えない大切さが眠っている。違う分野、研究領域の研究者が磨き合い高め合う広く熱い裾野があってこその高みであることは自明である。

そもそも社会的要請とは何なのか。安倍首相の言説は「実践的な、職業教育の場」にしようということらしい。経済界からの即戦力、グローバル人材の養成といった求めに応えることになる。経済再生・産業競争力強化などのビジネス用語からは知への敬意は感じられない。

太平洋戦争の敗戦直後、占領軍は旧制一高（現東京大学教養学部）の施設を接収しようとした。当時の校長安倍能成は「一高はリベラルアーツのカレッジである。……一人一人の成長をはかると同時に、次の世代にそれを伝えるもので、ここはそういう神聖な場所である。そこを占領という世俗的な目的には使わせない」と拒否した（東京新聞）。

絶対的存在であった占領軍に抗した見識の高さがうかがえる。こうした気概と自負が大学人と文科省には求められている。

〈参考〉上村耕編「文学部の逆襲」（風媒社　２０１５年）、日比嘉高 著「いま、大学で何が起こっているのか」（ひつじ書房　２０１５年）、「東京新聞」２０１４年12月12日「筆洗」

堂々たる批判

インターネットは実に便利だ。わからない言葉や古い記事を探すには手軽で、探索結果も早い。時には忘れがちな漢字、ことわざ、カタカナ語をすぐに教えてくれる。手に入りにくい本や資料・情報のありかも分かってしまう。活用次第でこんな便利なものはない。そもそも軍事上の発明であることを見過ごしてはならないのだが、今気になるのはネットを飛び交う言説の粗暴さである。些細なことをきっかけに相手を罵倒し、チープな言葉を投げかけあう。人格を否定し、冷静な論議とは無縁にして非生産的なやり取りは寂しい。

こうした不毛で無責任な応酬の根底には匿名性があるのではなかろうか。名前も顔もさらさずに、つまり何の危険を冒さずに攻撃的な立場に立っていられるからだろう。

自分を明確にして相手を批判するには、相当な勇気を必要とする。相手に弱みを突かれ攻守ところを変える可能性があるからだ。

福沢諭吉には勇気と節度があった。明治時代の名士であり顕官でもあった勝海舟と榎本武揚を厳しく批判した。幕末から明治維新にかけて活躍し高名であった二人は、元来徳川幕府の禄をいただいていた。勝は幕府を代表して薩摩の西郷と会談し、江戸の戦火を防ぎ政権の平和移行を実現した功績は評価するものの、本来は幕臣としての恩顧に報いるならそれなりの生き方があったのではないか、と問う。また、榎本は幕府海軍を率いて函館に籠もり徹底抗戦したのは見事だが、降伏後がよろしくない。「幕臣の本分に背かず……美なりと雖も……新政府の朝に富貴を求め」公使や大臣を務めたのは、榎本に従った戦死者負傷者に対して申し訳ないのではないか、と断じる。福沢の立派さは、この文を公表するに当たり、事前に両者に書簡を送り事実関係の相違を問うていることである。

これに対し勝の返答は「行蔵は我に存す、毀誉は他人の主張」。つまり出処進退は自分で決めることだから、公表はどうぞご自由にされたい、と。榎本は「いずれ其中愚見可申述」と返事する。

この経緯は萩原延壽・藤田省三による「瘠我慢の精神」（朝日文庫　２００８年）に詳しく解説されている。フェアーで堂々としたやり取りは、明治期の知識人の人物の深みを示している。匿名性に隠れた他者への誹謗中傷や、権力者に阿《おもね》った大メディアの〝忖度《そんたく》〟とは大きな違いである。

消えた日本青年館

２０２０年の東京オリンピック開催に関連して、いくつかの問題が噴出している。エンブレムの公募、選考過程での不明朗さが明らかになり、新国立競技場の建設問題ではデザイン、建設費、周辺住民・環境への配慮などの欠如などが批判を招いた。

注目したいのは、責任の所在が明らかでなく、当事者意識が感じられないことであった。加えて、元首相である五輪組織委員会会長、高級官僚出身の事務総長の態度の不遜さ尊大さである。反感が高まったのは当然であろう。

神宮外苑を歩いたときに気がついたのだが、明治公園の上にある日本青年館（以下、日青館）も解体の運命にあった。日青館は青年団の本部であり青年団運動のシンボルでもあった。日青館を見ていて田澤義鋪の名前が浮かんだ。社会教育を学んだ者にとっては懐かしい名前で〝青年団の父〟と称された。青年団は現在ほとんど馴染みは無いが明治末期から官制化が進められ修養団体教化団体として、戦前の社会教育の中では重要な役割を果たしていた。

田澤は佐賀県出身、明治末期に東京帝国大学を卒業し内務省に入り、1年後には静岡県安倍郡の郡長に就く。4年間にわたり地方改良運動に努め、青年層とも交流を深める。この経験が後年青年団運動に積極的に関わり、指導者になっていくきっかけになった。地方改良運動の推進力が青年団にあることを確信するようになる。内務官僚であり既成政党に失望し昭和維新に共鳴する面はもちながらも、軍部には批判的であったことを橋川文三は指摘している。橋川は田澤の政治についての根本理念は柳田国男の「常民」という理念を青年教育の観点からとらえたものと評価している。その点で現職中は「牧民官」的性格を持ち、辞したのちは旅をしつつ地方にこだわったことを共通点として上げている。

うっそうと繁茂し自然相を呈している明治神宮の森の造成にもかかわった田澤は、郡長時代に形成した青年教育の理念を生涯保持して青年団の育成に生涯をかけた。戦前の官僚の思考形態、行動スタイルとは違っていた。過大評価すべきではないが、名利を求めずに青年と共にあったことは評価すべきと思う。

天下りを繰り返し、高額の退職金を手にして、尊大な態度で国民を見下ろしている高級官僚とは大きな違いである。日青館の建替えが、運動と人物の思い出を消し去らぬよう願う。

〈参考〉 宮坂広作 著「近代日本社会教育史の研究」（法政大学出版局　１９６８年）
橋川文三 著「昭和維新試論」（講談社学術文庫　２０１３年）

ドナルド・キーンという生き方

東京新聞に月一度掲載されている「ドナルド・キーンの東京下町日記」を読むのが楽しみだ。同紙は時の権力に批判的姿勢を堅持している数少ないメディアであるだけに、氏の批評精神とよく似合う連載になっている。

キーンはニューヨークに生まれ、幼時より秀才の誉れ高く、飛び級でコロンビア大学に入学し、そこで日本文学と出会い生涯の研究対象とする。太平洋戦争中は語学力を買われて海軍の情報士官になり、日本人捕虜の尋問と日本軍の文書の解読任務に就いた。

「源氏物語」で日本文学の魅力を知った彼は、任務として南方戦線での日本兵の日記を読むことになる。そこに吐露される日本人の心性を知るにつれ日記文学に興味を惹かれる。戦後は京都大学の大学院に留学し古典の研究に没頭し、谷崎潤一郎や永井荷風と交流を持つ。日本人作家で一番評価していたのは三島由紀夫であった。その後、コロンビア大学に戻って教授を務めた。２００８年には文化勲章を受章する。

日本文化へは強い思慕の念を持ち3・11の原発事故を契機に日本国籍を取得する決意をする。原発事故では日本政府の秘密主義と不手際に危機感を覚えた多数の外国人が、本国からの指示もあり日本から避難した。しかし、彼は、だからこそ日本人でありたいと願い、帰化に踏み切った。

アメリカには知日派と呼ばれる一群のエリートがいる。彼らは別名「日米安保屋」とか「ジャパンハンドラー」と呼ばれている。安保条約の実質的履行を梃子《てこ》に日本の政治に容喙《ようかい》し、アメリカの国益に副うように導こうとするグループとされている。いわばアメリカ支配層の代理人としての振る舞いである。この意を受けて日本政治が左右されているとすれば、独立国の実態を疑われる看過できない事態である。昨今の右寄りの政策強行を見るにつけ、必ずしも杞憂《きゆう》とばかりは言えないのが残念である。

3・11の大震災と原発事故という日本の重大な危機に直面しているからこそ、あえて日本人になることを決意した彼には侠気という言葉がしっくりくる。日本の古典文学に通暁し、日記文学を高く評価し、日本文化を身体化しようとする姿に感動を覚える。

逆風の時に寄り添ってくれるのが誠の友であるという。ドナルド・キーンこそ真の友人であり「知日派」ではなかろうか。

男のダンディズム

「男の○○」には眉を顰《しか》める向きもあろうと思うが、暫しお付き合い願いたい。

亡くなった野坂昭如について書こうと思う。直木賞作家であり歌手であり作詞も手掛け、黒いサングラスをかけて奇行も多く、無頼の印象がある。自ら焼け跡闇市派と称している。戦争末期に妹を亡くし、その自伝的小説「火垂るの墓」は涙なくしては読めず、アニメ化もされた。その体験から反戦の意識が強く、弱者への眼差しはやさしかった。

彼の歌う「黒の舟唄」が好きだった。退廃的耽美的な曲調ながら、沈み込むような悲しみと光を求めようとする二つの面が秘められていたように思う。最近まで毎週土曜日の午前中に放送していたTBSラジオの永六輔の番組では、彼からの手紙を紹介するコーナーがあった。身辺雑事や社会事象などを彼なりの視点で切り取られていて、政治と世相に対する強い危惧のメッセージが込められていた。そんなこんなを考え合わせると、野坂という男は実はかなりシャイなのではないかと思っている。サングラスはその衒《てら》いなのではなかろうかと。

同世代の作家・五木寛之は教育テレビでこんな意味のことを語っていた。「野坂昭如や大島渚などは変な人、胡散臭い人であり、いかがわしさと後ろめたさを守ろうとしていた。大手を振って歩く人間ではないとする自覚があった」そして「野坂昭如の不在は、明らかに一つの時代の終りを意味する。それは戦後という時代の終幕のベルである。一つの時代が終わり、もう一つの時代が始まる」と。

五木もまた戦争体験があった。朝鮮からの引き揚げの混乱時に母を失い、その苛烈さ故にあまり語りたくなかった、という。体験が言わせた野坂不在のもう一つの時代とは、一体どんな時代なのか、平和を脅かす新たな戦前になってはならないのは明らかだろう。

テレビ新聞など大メディアの委縮を憂える声は強い。忖度《そんたく》とはいやな言葉だ。日中、ラジオをよく聞いている、TBSの「大沢悠里のゆうゆうワイド」、文化放送の「大竹まこと ゴールデンラジオ」、「吉田照美 飛べ！ サルバドール」などなど。ラジオには本を読みながら、書き物をしながら、ボヤーっとしながらの良さがあるのだが、感じるのは昭和世代のパーソナリティー達の忖度とは無縁の強烈な批判精神、在野精神の格好良さである。

ダンディーとはこだわりであり、さりげない勇気であると思う。今一番のダンディーな男は沖縄の翁長雄志知事であろう。

落日の国

２０１６年６月24日世界が震撼した。イギリスの国民投票結果は僅差でＥＵ離脱派が勝利した。国内を二分した論争に決着はついたものの、むしろ困惑が広がっているように見受けられ当分落ち着きそうもない。欧州統合の夢は潰えるのだろうか。ＥＵは欧州での度重なる戦乱と対立・憎悪を克服し、平和の実現と経済的地位の回復を図ろうとした試みであろう。課題として主にキリスト教世界で構成され、イスラム系アジア系とはやや距離があると感じられること。国家主権との関係で超越的存在のＥＣ法体系と運用する官僚群の独善性があげられる。加えて、理想主義と民族的地域的特性との融和に時間はかかることなどがありそうだ。国家という概念が変質しつつあるのかもしれない。

イギリスについて詳しくはない。歴史書と小説を通じて知っているのみだった。思い浮かべたのはカズオ・イシグロ著「日の名残り」（ハヤカワ epi 文庫）とロバート・ウェストール著「水深五尋」（岩波書店）だった。いずれも階級社会であるイギリスを描きだしているが、特に前者は衰退する貴族社会を執事の目から切り込んでいて、今回の事態と大英帝国の昔日を漠然と考えさせられた。戦前、執事の尊敬するダーリントン卿は融和を図り各国の人士による会議を主宰するも成功せず、戦後対独協力者の汚名を着て没落し、屋敷も米国人富豪の手に渡る。新しい主人の好意で出た旅先で、卿と自分を見つめなおすことになる。

奇しくも同じ感慨を、内田樹が同日のツイッターに書いている「カズオ・イシグロの『日の名残り』のダーリントン伯爵が主宰する国際会議が〈中略〉。理想主義的なインターナショナリズムがはるかにリアリスティックなさまざまの『ナショナリズム』によって駆逐されるプロセスに既視感を覚えている英国人もいるかもしれません」と。貴族的善意による平和希求がパワーゲームとしての現実政治の前には無力であり、大衆的な気分にそぐわなかった事情を簡明に述べてくれていた。

他の欧州諸国でも移民の増加、貧困の進行、格差の拡大に苛立つ声は内向きの力となり、ナショナリズムを煽る極右勢力がそれを掬い上げ有力な政治勢力を形成している。日本でも同様に強まる閉塞感は地道な改革よりは身近な弱者や異質なものの排除と、対外的な強さの誇示に向かっているように見える。冷静な論議による民主主義の在り方と主権者としての佇まいを考えさせられる。

III

館長の本棚
～200字レビュー～

埼玉県鶴ケ島市立中央図書館館

❖人の魅力、本の魅力

『無念なり　—近衛文麿の闘い』

大野　芳

平凡社刊　2014年

〝優柔不断の貴公子〟と揶揄《やゆ》され軟弱な名門貴族の印象が強い。近衛家は五摂家筆頭、軍部専横に抗し和平を実現し得る人材として輿望を担って三度首相になる。明治憲法の隙間である統帥権の独立という壁に苦闘し、軍部の暴走と右翼勢力の跳梁、更には木戸内大臣等の策謀にも苦しめられる。戦後は憲法改正に取り組むも戦犯指定を受け失意のうちに自殺。著者は綿密な考証により新しい近衛像・別な昭和史を提示する。力作である。

『おかしな男　渥美 清』

小林信彦

筑摩書房刊　2003年

喜劇人・渥美清は冷徹に自己を見つめ、出演作と立場を計算できる男であった。田所康雄（本名）が渥美を経て国民的偶像寅さんに昇華していく過程はまさに小説的である。その時々の彼の姿と願望は生々しい。交友の深い筆者の適度な距離感は人目を忍んで舞台、映画に通い批評に目を配る勉強家である顔と、その出自故の凄みの正体にも迫る。徹底して私生活を秘め〝愛すべき寅さん〟を演じ続けた渥美清は〝おかしな男〟であったのか。

『辞書になった男 ケンボー先生と山田先生』

佐々木健一

文藝春秋刊 2014年

三省堂国語辞典には中高生時代から馴染み深くどの家庭にも1冊はあるはず。それから派生し語釈のユニークさで異彩を放つ新明解も好評で小型辞書の双璧をなす。されど編者には目が向かない。名義貸し、流用が常態の辞書の世界で用例採集に没頭し145万例を集めた〝三国〟編纂者の見坊豪紀氏、協力者でライバルでもあった〝新明解〟編纂者の山田忠夫氏、この人間関係も興味深い。辞書を編むとは言葉の社会性を映すことだと教えられる。

『南原 繁 ―近代日本と知識人―』

加藤 節

角川ｓｓｃ新書刊 1997年

戦争非協力を貫いた南原繁は戦後全面講和を主張し時のワンマン首相吉田茂から「曲学阿世の徒」と非難された。内村鑑三に師事しキリスト教徒としての信仰を貫きつつ、真善美を絶対価値とするカントに傾倒し「政治を基礎づける価値としての正義」に立脚した政治哲学の探求を終世の課題にした。香川県の貧家に生まれ苦学して学究の道に進む南原は母との対立と和解を経験する。丸山眞男の師であり、屹立する真の知識人の評伝である。

『ラオス 山の村に図書館ができた』

安井清子

福音館書店刊 2015年

素敵な本である。山奥の少数民族の村で家族同様の暮らしをしながら、ここにこそ図書館が必要だと直感して走り出す。村民間には感情的対立や経済的利害が存在し、男女差も露わになる。それを直視しつつ住民の生活観と習慣を尊重し、時にはそれに悩まされながらも住民にも汗を流してもらい必要な賃金は支払う。生活を共にしてパヌンと親しまれ、一方的な援助ではない協働に、情熱の傾け方と国際援助の在り方が示されている。

『加藤周一を記憶する』

成田龍一

講談社現代新書刊 2015年

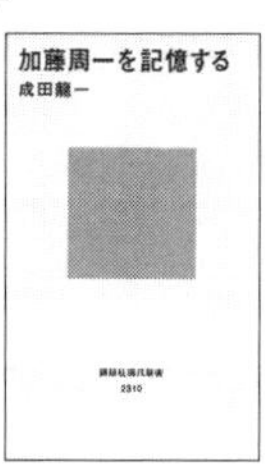

加藤周一が戦後の代表的知識人たる所以が解明される。医学者ながら、文学芸術にも造詣深く、社会へも強い関心を示す。著書「日本文学史序説」は単なる文学史ではなく、思想的営為としても読める。著者は、戦争非協力だった加藤が戦争を経験し戦後を構想しようとする営みを「またぎ越し」と名付け重視する。68年学生反乱では批判を受けるも、自己の内面に包み込む。晩年には九条の会呼びかけ人になり、積極的な実践者でもあった。

『横手時代の石橋湛山』

川越良明

無明舎出版刊 2003年

昨今の政治の劣化に照らし石橋湛山を惜しむ声が聞こえる。戦前の軍部に迎合せず小日本主義を掲げ、東洋経済新報を舞台に健筆をふるったジャーナリスト。戦後はリベラリストとして鳴らし、首相の印綬を帯びるも病魔に侵されるや潔くその座を降りた。戦争末期に空襲を逃れて秋田県横手に出版の本拠を移し、軍部の妨害にも屈せず雑誌の発行を続けた。横手の人々との交流と毅然として時勢に立ち向かう湛山の姿を活写している。

『砦に拠る』

松下竜一

筑摩書房刊 1977年

戦後ダム反対闘争の嚆矢《こうし》となった所謂「蜂の巣城紛争」の記録である。九州の下筌《しもうけ》ダム建設に反発する住民は山林地主室原氏をリーダーに担いだ。特異な個性を持つ室原氏は砦を築き実力阻止と裁判闘争を並行して戦う。著者は闘争経過だけではなく、室原氏とその家族、動揺する住民、敵方の建設省、裁判所などの人物像を描き出している。丹念な聞き取りと資料渉猟《しょうりょう》による公平な目配りが光り、視点と筆力の確かさを感じさせる。

『宮沢賢治『初期短編綴』の世界』

榊　昌子

無明舎出版刊　２０００年

少年期から青年期における賢治の心の動きと、創作の原点を知るうえで枢要な位置を占める「初期短編綴」を丹念に解明している。盛岡高等農林時代に歩いた岩手山周辺は賢治の心に深く根を下ろしていることがわかる。かつての体験が、後年作品に形成される経緯を友人の証言、本人の短歌などにより読み解いていく。郷里山河への強い思慕と父親への屈折した心理も読み取れる。銀河鉄道の始発駅はこの「短編綴」にあるのかもしれない。

『「幼ものがたり」探査』

並木せつ子

ライブラリー・アド・サービス刊

２０１５年

表紙にパラフィン紙でカバーがかけられていて、著者の本を大切にする心が偲ばれる。児童文学の巨人、石井桃子の幼時と浦和の往時が、丹念に探られた資料により次々に明らかになる。江戸の面影を色濃く残す浦和宿が今日につながり、興味を引く。明治大正期の街並みと庶民の生活が描かれ、生活史民衆史としても貴重な探究である。この作家を育てたものとその痕跡を辿る誠実さが伝わる。図書館司書とはこのように在りたいものだ。

『GHQと戦った女
沢田美喜』
青木冨貴子
新潮社刊　2015年

エリザベス・サンダース・ホームを創設し、進駐軍兵士との間に生まれ結果的に捨てられた混血児を養育した沢田美喜の生涯を辿っている。時にはGHQに掛け合い、一方ではポール・ラッシュ等諜報機関人脈との微妙な関係も語られる。三菱財閥の岩崎家長女に生まれ、その巨大な財力があったので差別され捨てられた子供の側に立ち得たと言える。また、それ故に日米支配階級に係りつつも、反発するアンビバレンツな感情がうかがえる。

『ちょっとマニアックな
図書館コレクション談義』
内野安彦 編著
大学教育出版刊　2015年

編著者・内野安彦の図書館に対する深い愛情だけではなく、出版社・書店への熱い思い入れと目配りを感じる。広域で出版文化を守るという観点での選書を提言しているのには共感できる。現職図書館員である他の執筆者のユニークな視点と実践に感動する。利用者への資料の提供の仕方は分厚い読書量と、司書としての自覚がなせる業か。自分が現役ならこうした職員と仕事を共にしたかったし、優れた発想を学びたかった。

『もしも、詩があったら』

アーサー・ビナード

光文社新書刊　２０１５年

〝もしも〟〝もしかして〟何となくほんわか、と夢を見させてくれる魔法の言葉のようだ。この言葉がなければ、生きるうえでの遊び心が消えるのかもしれない。ＩＦを巧みに使った詩は現実を映しながら、別な世界に連れて行ってくれる。英語の原詩を辞書に頼って訳してみても、あの響きは出てこない。直訳とは違う感覚を読み取り、日本語に置き換える達意の言葉遣いと文学の味付けが求められる。英語力と国語力の衰えを思い知らされた。

『司書はゆるりと魔女になる』

大島真理

郵研社刊　２０１５年

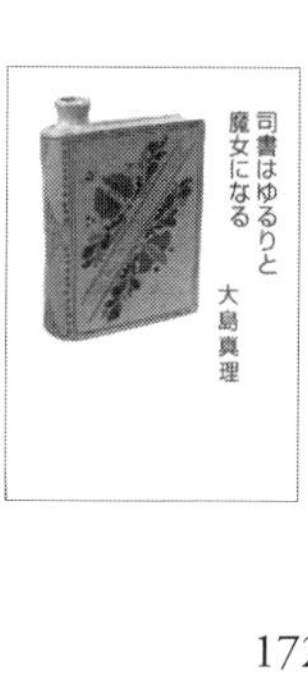

気が付いたら最後のページを捲っていた。図書館関係者の著作で、こんな思いをしたのは内野安彦に次いで二人目である。著者が図書館学は人文学的であるとする主張に感動するとき、私も強い同意を覚えた。教育という営みも、社会科学であるよりヒューマニティであると思うからである。本書での書評、映画評は鋭い感性と誠実さに満ちている。いずれそれらの本を手に取り、あるいはスクリーンの前に座る自分を想像させてくれる。

『奇跡の村　地方は「人」で再生する』

相川俊英

集英社新書刊　２０１５年

高齢化と人口減による地方の疲弊が深刻化している。地方消滅論が喧伝され、自治体・地域での地道な努力はあまり語られてこなかった。本書は長野県下条村、群馬県南牧村などの実践を綿密に取材し、逆境に立ち向かい着実に上げている成果を描いている。共通するのは国県からの指示待ち、補助金頼りではなく、首長・職員・住民の主体的な試みであった。奇跡は待つのではない、痛みや苦労を乗り越える決意と創意のなかにあった。

『山月記の叫び』

新藤純孝

六興出版刊　１９９２年（絶版）

優れた文才を持ちながら狷介《けんかい》なるが故に世に入れられず悲憤し、虎に変身する李徴の悲劇を描いた山月記。それは秀才ぶりを謳われ漢学の素養と天稟《てんぴん》に恵まれていたのに文壇に評価されぬ中島敦の鬱屈であるとする定説がある。著者は、戦時と新潮流の台頭に揺れ翻弄される文壇に対する怒りと同時に、才能と学識を備えているのに「野性の意力」が欠ける自分への苛立ちであると読み解く。戦後評価高まるも、33歳での夭折は惜しまれる。

『啄木の手紙を読む』

池田　功

新日本出版社刊　２０１６年

結核は天才啄木とその家族の命を奪った。貧乏と闘いながら己の才能を信じて文筆で身を立てようとするも挫折。代用教員、新聞社勤めなどで家族の生活を支えようとする。残された５１１通の手紙を文体、内容で詳しく分析し、その時々の啄木の心理と境遇を探っている。借金依頼の手紙も多く逼迫ぶりがわかる。大逆事件は彼の思想を一変させた。金田一京助、夏目漱石、森鷗外、野村胡堂などへの手紙もあって、評価の高さがうかがえる。

『絵本はパレット』

大井むつみ

郵研社刊　２０１６年

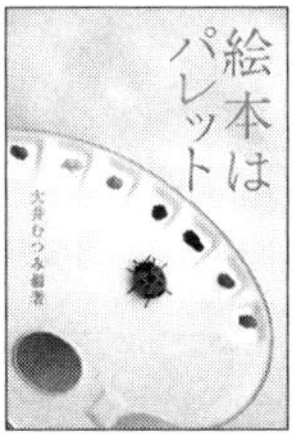

児童書は大人も読むべきなのだ、と教えられる。子どもだからと手抜きは許されず、人格を大切にする素敵な本が紹介される。図書館という無限の宇宙に、児童書の光を掲げて音速で全国を飛び回る著者の心が偲ばれる好著。本を愛する人間が大好き、鉄道が大好き、そして不誠実さと不条理を嫌う正義の味方でもある著者の薦める児童書を虚心坦懐に読んでみたい。座談会の一部に課題は残るものの、本の世界の深さを実感させられる。

『津波の夜に 3・11の記憶』

大西暢夫
小学館刊 2016年

日々親しんだ海、ひとたび牙をむけば人の営みなどいとも簡単に呑みこんでしまう。東松島市の壊滅した地区に密着して、住民に寄り添い丹念に聴き取った記録。体験者故に語れる言葉が重い。家族を失い、目前で知人が沈んでいくのを見た人々が、それを乗り越えられるのか。〝一つ感じたことがあります。生き残った人と亡くなった人の差は、わずかだということです〟という思いを胸に生きていくのだろう。ただ瞑目するのみ。

『言葉が鍛えられる場所』

平川克美
大和書房刊 2016年

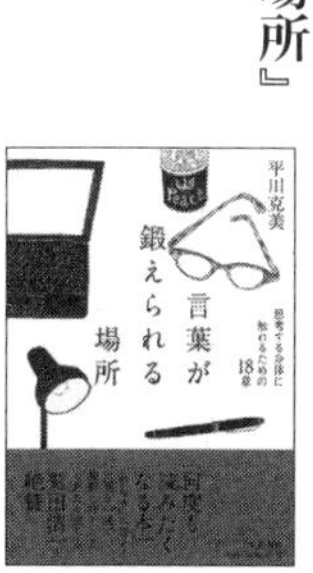

残りページが気になるほど引き込まれる本、そんな1冊である。1章読み終わると暫し瞑目、時には前に戻って読み直すそんな思いをさせられる。実態経済や経営哲学を、経験からやさしく説き起こしてきた従来の著作とは趣を異にしていて、詩への傾倒を語り、また母への思慕の念の吐露は誰もが共感できる。近時、政治家や要人の言葉の軽さと誤用に呆れることが多い。言葉の普及は寡黙の価値を置き去りにした、との指摘に心打たれる。

❖歴史を遡り、現代を問う

「超国家主義の論理と心理」

『現代政治の思想と行動』所収

丸山眞男

未来社刊　１９６４年

丸山眞男の鮮烈なデビュー作。著者は敗戦直後、日本の支配構造と精神構造の特徴を支配層のみならず国民の心情をも解明した。軍人・官僚の優越意識は天皇からの距離感に比例し、開戦を主導し戦争指導をした責任感の希薄さの異様振りに迫る。国民の側も時には強制され、あるいは昂揚しつつ雷同するのだが、ここに自由なる主体意識の欠如を指摘する。歴史から何を学ぶべきかが問われている。戦後70年に当たり紐解くべき1冊である。

『丸山眞男と戦後思想』

吉田傑俊

大月書店刊　２０１３年

近代日本思想論三部作の仕上げとしての丸山論である。丸山は研究課題、実践課題として、日本の近代化の解明を主題とした古層とか通奏低音と表現する天皇制イデオロギーの本質を追究する一方、マルクス主義とは批判的に対峙する姿勢を貫いた。自覚的市民が近代制度を実体化すべきとする主張を追うなど思索の変遷を時系列的に分析している。終章には著者自身の丸山への思いと「福沢惚れ」にも論及し、バランスは取れている。

『加藤周一と丸山眞男』
日本近代の〈知〉と〈個人〉

樋口陽一

平凡社刊　２０１４年

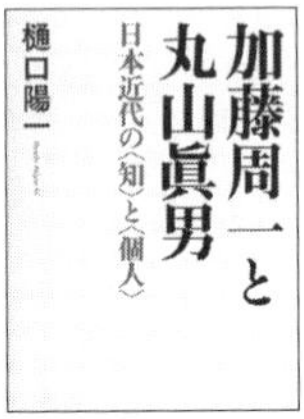

憲法学者である著者は戦後思想を代表する存在としての二人をこよなく尊敬し、読み解こうとする。「国家」と「個人」の緊張関係こそあるべき社会の姿であるとする主張に共感しつつ、加藤の「雑種文化」論と丸山の「弁証法的全体主義」の意味を解明し深めるよう提起する。著者の「憲法制定権力は……法は人間の理性と意思によってつくられるものだという近代固有の法思考の反映だったはず」だとする指摘には危機感が滲んでいる。

『資本主義という謎「成長なき時代」をどう生きるか』

水野和夫・大澤真幸

ＮＨＫ出版新書刊　２０１３年

飽くなき蒐集と富の蓄積のために際限なくフロンティアを求め、拡大の宿命を持つ資本主義が社会主義さえ駆逐して地球上を覆い尽くし新たな地平を失ったとき何が起きるのか。実物投資空間が消滅し電子・金融空間での投資、つまり実態なき仮想空間に活路を見出す。一方では先進国内部での収奪による格差拡大でもあった。バスコ・ダ・ガマと鄭和の大航海の違いは世界経済への論理の違いである点にも話がおよび、論客の対談は刺激的である。

『昭和維新試論』

橋川文三

講談社学術文庫刊　２０１３年

昭和維新とは2・26事件に見られる激発的な響きを持つ。著者は明治末期以来の国家運営の揺らぎに不安を感じる支配層とその周辺の危機感に発していると見る。それは国家主義の高揚を図る動きを生み、一方に社会主義とデモクラシー思想の広がりがあった。高級官僚、軍部、右派思想家、財界など天皇制イデオロギーの貫徹を図る動きは結果的に戦争への流れに連なる。昭和史を理解する上で難解ながら貴重な一書である。

『日本の反知性主義』

内田　樹　編

晶文社刊　２０１５年

知性の危機が語られる今日、知性とは反知性とは？　を10人の論者が語る。自己と自己を育んだ社会、歴史に思いを致さず他者への想像力に欠けた主観的な主張を繰り返し時には抑圧する、そんな風潮が日本を覆い始めている。それへの対抗軸の論旨は明確である。もっともっと謙虚であること、自分を振り返ることと他者に寛容であることは同義である。国民の不安不信を顧みずに暴走する為政者にこそ反知性主義の呼称はふさわしい。

『日本戦後史論』

内田　樹・白井　聡

徳間書店刊　２０１５年

圧倒的な敗戦を終戦と言い換え、支配階級の温存を図ったところから偽りの戦後日本史が始まる。当時の指導者はその偽りを自覚して米国に従属したまま、何時かは見返そうと屈折した心理を抱えていた。世代交代し、今の安倍政権と同調者にはその機微を理解できずに、むき出しの上昇志向と対米従属の現実を糊塗《こと》できずにいる。アジア諸国の力量が向上して日本と拮抗してきた現実を認めたがらぬ危うさを指摘している。

『対話の回路
―小熊英二対談集』

小熊英二

新曜社刊　２００５年

広い分野の論客との刺激的な対談集。右寄り政治への危機感が語られている。姜尚中とはフロム「自由からの逃走」を引いてポピュリズムとメディアの関係を問う論点を設定し、ナショナリズムに連なる危険性を語る。島田雅彦とは対米従属自体がアメリカへの不満が蓄積し、その代償として自衛隊増強や改憲路線に走り、その結果さらに従属度が深まる、といった現在に通底する課題が語られる。優れた知識人達の眼力の鋭さに驚かされる。

『証言記録 市民たちの戦争①』
NHK「戦争証言」プロジェクト編
大月書店刊 2015年

犠牲になるのは庶民であろうか、忘れてはならぬ戦争体験である。軍需工場、炭鉱や銅山での未熟練者の過酷な労働が語られる。三池炭鉱では米英の国旗を踏んで入坑するとの話は踏み絵を思わせる。焼津の鰹漁船が海軍に徴用され、補給や洋上での監視任務につき、大半が撃沈された事実には驚く。武蔵小山商店街は廃業を迫られ開拓団として渡満したものの、ほぼ全滅の憂き目にあう。戦争は罪深い、権力者にこそ読んでほしい証言集である。

『永続敗戦論』
白井 聡
太田出版刊 2013年

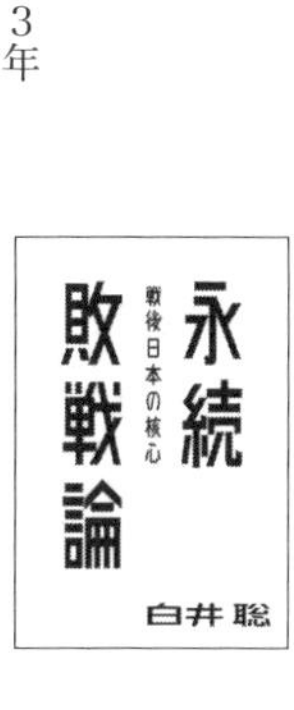

対米従属を所与の条件として、それを覆い隠しつつ「独立」を語り、経済発展を選んだ保守政治家は内心では深い葛藤を抱えていた。戦前からの支配層の系譜を引き継ぐ安倍首相らはその悩みを欠落させたまま国家主義的冒険政策を進めている。白井は天皇制が「国体」であり、戦後は永続敗戦がそのレジームになった、と指摘する。敗戦を終戦と言い換え属国化した現実と向き合わず状況に流され、移ろいやすい国民性への鋭い警告になっている。

『右傾化する日本政治』

中野晃一

岩波新書刊　２０１５年

　政治の振子が左右に揺れバランスを保って来たが、振子の支点が右に寄っていく。この理由の分析は鋭い。保守本流の旧右派連合が弱体化し、国家主義的政策をとる安倍ら新右派連合が伸長した背景を、欧米の新自由主義の系譜及び国内のメディア、オール官僚の協力・抑え込み、小選挙区制による首相幹事長への権力集中、対米従属下の鬱屈したナショナリズムなどにより解明している。火遊びによる国際的孤立と自由抑圧が危惧される。

『生きて帰ってきた男
―ある日本兵の戦争と戦後』

小熊英二

岩波新書刊　２０１５年

「希望だ、それがあれば人間は、生きていける」と語った主人公の言葉に救われる。戦争とは下層の国民にこれほど苛烈なのであろうか。徴兵され満洲に送られ、シベリア抑留《よくりゅう》を経てやっと帰国したら結核により療養、と20代を棒に振った著者の父親。小熊はその聞き取りに歴史家らしい分析を加え時代を浮き彫りにしている。国家という不条理に振り回されても淡々とそれを受け止め、それでいて国への静かな怒りを忘れぬ姿に感銘する。

『若者よ、マルクスを読もうII』
内田 樹・石川康宏
かもがわ出版 2014年

マルクスはある世代にとって、知の巨人であり必読文献でもあった。右翼的潮流の跋扈する昨今、あえてマルクスの再評価を試み、その意義を再度問いなおそうとする二人の〝変わり者〟の往復書簡は意欲的である。「ルイ・ボナパルトのブリュメール18日」の権力分析は、執行権力の立法権力への優越を実現した点で小泉・安倍・橋下的な国民欺瞞の劇場型政治手法に連なると読み解く。マルクスを読み論ずる知的空間の意義を教えられる。

『「リベラル保守」宣言』
中島岳志
新潮文庫刊 2015年

本来の保守を解明している。序章と第一章では人間の不完全さと経験値の意義を説き、保守の知的な基盤たる積み重ねた歴史と知見への敬意を論じている。熱狂への懐疑を掲げ、デモクラシーの宿痾である「多数者の専制」という概念で、政治の万能性を否定する。後段では脱原発、橋下イズム批判、ナショナリズムの意義などに論及し、著者の立ち位置を明示している。公的な意見である輿論と大衆的な気分である世論との区別は学ばされる。

『憲法と民主主義の論じ方』

長谷部恭男・杉田 敦

朝日新聞出版刊 2016年

2015年夏、安保法制の強行採決は政権と議会への不信を呼んだ。提起された立憲主義、法的安定性などの論議は素人にはわかりにくい。本書は憲法学者と政治学者の対談により、その意義を平易に語っている。民意を反映させるための選挙は「決める人を決める」ものになっていないか、「選挙で選ばれたから何でもできる」との考えは憲法と相容れず、独裁傾向を強める安倍政権に危機感を露わにしている。権力を見直す上で示唆に富む。

『街場の戦争論』

内田 樹

ミシマ社刊 2014年

日本には戦争を企図し遂行したと自認した指導者がいなかったことに注目し、また他の敗戦国とは違って戦前と戦後をつなぐ倫理的資格を持ち、戦争責任を追及しつつ新時代を担う人物の不存在を憂えている。それは「ためらいの倫理学」(角川文庫)でレジスタンスに参加したカミュの戦後におけるナチ協力者への責任追及に対する微妙な揺らぎについての論議を思わせる。国民国家が溶融する時代、個人の知性の在り方を問うている。

『愛国と信仰の構造 全体主義はよみがえるのか』
中島岳志・島薗 進
集英社新書刊 2016年

何故国民は日本型ファシズムに惹かれ、今も傾斜しつつあるのかを、日本人の宗教観から迫っている。北一輝、石原莞爾などの法華経信者の国家主義は知られているが、親鸞主義者の「他力」信仰にもその傾向が色濃いという。天皇を頂点とする「國体」意識形成に教育勅語の果たした役割は大で、現代にも根強く残り安倍政権を支える右派的潮流の心情を成している。戦後70年と戦前の70年をこの視点から見つめなおす必要がある。

『五色の虹 満洲建国大学卒業生たちの戦後』
三浦英之
集英社刊 2015年

戦争とは何と不条理なのか、国家とは何と冷酷なのか。そんな思いにとらわれる。傀儡《かいらい》国家満州国の幹部養成を目的に設立された建国大学は、五族協和の建前から日中朝蒙露の学生が共同生活を送った。優秀な学生たちはそれぞれ複雑な背景と願望を抱えて学問に励んだ。敗戦後、対敵協力者として未だに過酷な運命にさらされている者もいる。日本の植民地支配についての総括を避けてきた事実が浮かび上がり、昭和史の学び直しを痛感する。

『近衛新体制 大政翼賛会への道』

伊藤 隆

中公新書刊 1983年

政党政治の混迷、経済の低迷、日中戦争の泥沼化などによる閉塞感を打破する期待感は近衛文麿に集まる。一国一党構想による強力な政治を近衛周辺と「革新」官僚、右派、財界、軍部などが社会大衆党も含めてそれぞれの思惑で主張する。近衛の逡巡と各勢力のせめぎ合いにより、成立した翼賛体制は軍部主導のもとに総力戦体制に収斂《しゅうれん》していく。翼賛会に対しては明治憲法下で立憲主義に反するとの批判があったことにも注目したい。

『日本はなぜ、「戦争ができる国」になったのか』

矢部宏治

集英社インターナショナル刊 2016年

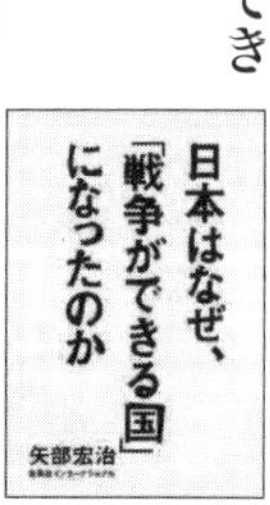

安保法制の是非が問われるなか、独立日本の虚構が明らかにされている。戦後の軍事占領状態が法的には未だに継続している。朝鮮戦争を奇貨として国連憲章などを活用した米軍＝国連軍であるとの設定が講和条約、安保条約、地位協定、交換公文などによって固定化され、国土の利用は自由、自衛隊の指揮権は米軍が握り憲法さえ乗り越えられている現状が解明されている。法的テクニックとトリックをあやつる米側と弱腰の日本の対比が悲しい。

❖遠くて近い文化と暮らしの風景

『基準値のからくり』

村上道夫 他

講談社ブルーバックス刊　２０１４年

賞味期限と消費期限、この違いと設定の基準を知っているだろうか。世間には沢山の安全基準や規制値が設定されている。福島原発事故での放射能汚染の恐怖は記憶に新しい。食品の汚染基準、除染基準は妥当なのか。実は基準値の「基準」はかなり不鮮明なのだ。科学的到達点、費用対効果、過去との整合性などが考慮され、中には過大な安全率を見込んだ不要な値さえある。賢い生活者消費者であるための貴重な情報満載である。

『怨霊とは何か　菅原道真、平将門、崇徳院』

山田雄司

中公新書刊　２０１４年

中世、北野天神をお参りする際に正面で参拝しさらに背面参拝をしたという。道真が怨霊《おんりょう》だからである。怨霊は志半ばにして非業の最期を遂げた者が人界に蟠り、陥れたものやその周囲に祟る。道真、将門、崇徳院は日本三大怨霊とされて、恐怖の的であった。それがいつの間にか善神に祀り上げられ、学問の神、あるいは江戸鎮護として信仰の対象になっている。その経緯、政治的背景まで踏み込んで怨霊を解明している。

『ふしぎな国道』

佐藤健太郎

講談社現代新書刊　２０１４年

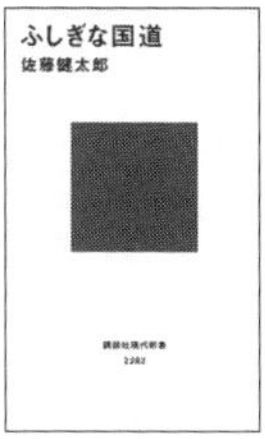

すべての国道走破に情熱を燃やし、断絶或いは未開通ルートがあれば徒歩や自転車で強行突破する。一方には国道を避けて都道府県道のみで目的地に到達する経路を探す〝非国〟がいる。世にこれを国道マニアという。今を時めく鉄ちゃんの向こうを張るのが国道マニアである。国道は同じ顔を持つとは限らない。例えば圏央道は正確には高速道路ではなくれっきとした国道４６８号線である。標識の多様さを含め、何と複雑怪奇な国道の世界か。

『道路の日本史』

武部健一

中公新書刊　２０１５年

著者は建設省出身の道路屋。工事体験を生かし古代から現代に至る道路の変遷を辿っている。道路の整備は歴史的に国家にとっての大事業であった。律令国家は駅制を整備し、指令・情報が迅速に行き来するようにしていた。中世近世の権力者は街道の規格を定め、全国に道路網を展開させている。その道筋・延長は、ほぼ現代の高速道路網と照応しているのは興味深い。技術者らしい緻密さが光るが、生活者への視線の弱さが惜しまれる。

『隠された神々』

吉野裕子

講談社現代新書刊　1975年（品切重版未定）

日本の古代信仰では東西軸を基本線として いた。大陸からの陰陽五行思想は南北軸が重視され、北極星と北斗七星が天帝（太一）とその乗車としての役割が基本となる。この習合が重要な神事に取り入れられ、白鳳期の遷都の不自然さも天皇陵の改葬も五行思想で説明できる。伊勢神宮に祀られる天照大神は天帝に重ねられ、内宮と外宮の関係もその習合により解明される。隠された神々とは古代信仰と五行思想にこそあった。

『「イスラム国」よ』

鎌田　實

河出書房新社刊　2015年

チェルノブイリ、福島の被曝者にも医療支援をし続け〝医は仁術〟を地道に実践している。世界の脅威になりつつある「イスラム国」は欧米のご都合主義とグローバリズムが生んだ鬼っ子であると断じる。軍事力では決して克服できない。力よりもっと大きな愛の力で包み込んでいこうと主張しシリア、イラクでも継続的に活動している。一部の「自己責任」論にも道理をもって反論する。著書の印税はすべて支援に注ぎ込み、頭が下がる。

『アイヌ学入門』

瀬川拓郎

講談社現代新書刊　２０１５年

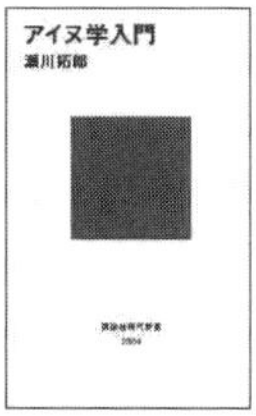

これまで北方に住む狩猟採集で生活する閉鎖的な少数民族との認識であった。本書では盛んに本土の和人やギリヤーク、オロッコなどの北方民族と交易し、文化的な影響を及ぼしあっていることが解明されている。時には大陸の元の勢力とも戦う勇壮さも持ち合わせている。アイヌの神話・伝承には本土文化の影響が認められ、中世以前からの交流・受容があった。奥州藤原氏との金を介した関わりは興味深い。アイヌ観が一新される。

『空き家問題　―１０００万戸の衝撃』

牧野知弘

祥伝社新書刊　２０１４年

読み進むにつれ気が重くなる。８００万戸弱、総戸数の約13％が空き家になっている。毎年の新築戸数約20万戸が続くとすると平成32年には1千万戸が想定され、人口が高齢に振れるにつれ深刻化する。放置されている空き家と土地を今後どうするのか。人口減少の流れが国家や自治体の存続を危うくする状況は、最早先送りできないところまで来ている。これを奇貨として政治の在り方、住み方、生き方を考え直すべきと提起している。

『地図入門』
今尾恵介
講談社選書メチエ刊　２０１５年

地図の達人になると、その図上から歴史や社会的背景、地勢の変化が読み取れるものらしい。そのノウハウを惜しげなく披露してくれている。標高は東京湾の平均海面を基準にしているというが、実際はどうなのか。表示される地名の字体、字の大きさ、字の間隔などに厳密な決まりがある。さらに戦時中の軍事施設の改描に見られる政治との関連など、実に興味深く、刺激的でさえある。あとがきの〝地図に騙されるな〟との指摘は重い。

『イスラム戦争
中東崩壊と欧米の敗北』
内藤正典
集英社新書刊　２０１５年

ＩＳＩＳの非道に対する深い怒りを込めつつ、偏見のない公正な著者の視点が光る。今日の中東の事態を招いた遠因と直接の原因を事実で説き起こしている。オスマントルコ帝国の崩壊と分割以来の欧米のご都合主義が事態の悪化を生じ、軍事力による抑圧こそ反発する「テロリスト」を生み出している。イスラム教は本来暴力的ではなく他宗教とも共存してきた、その本義を踏み外させたものは何か。欧米型民主主義に問いかけている。

『〈世界史〉の哲学 イスラーム篇』

大澤真幸

講談社刊 2015年

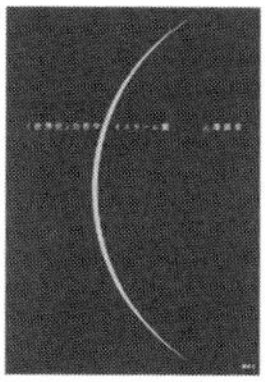

ユダヤ教を母体としながら違う世界を形成しているキリスト教とイスラーム教。著者は社会学的手法を駆使しその不思議を解明していく。中国皇帝との対比で法の支配の実態と考え方の違いを探る。オスマン帝国で採用されたイェニチュリのような軍事奴隷システムの必然性の解明は見事である。著者が一貫した論点にしているのは商業と親和性の強いイスラーム教に何故資本主義が誕生せず経済的発展に後れを取ったのかである。

『路地裏の資本主義』

平川克美

角川ＳＳＣ新書刊 2014年

世界を席巻するグローバル資本主義の危うさに対する警世《けいせい》の書である。著者は右肩上がりの経済成長を前提にした株式会社の永続性に疑問を投げかける。足元の地道な生活実感からの経済活動を大切にすべきと論ずる。自ら小企業の経営者であり、父親を自宅で介護した経験からの批判は厳しくわかりやすい。されど昭和の街角への郷愁がうかがえ、落日の資本主義に向ける目には哀惜がこもっている。読み流せるが中身は濃厚である。

『裏日本　近代日本を問いなおす』

古厩忠夫

岩波新書刊　１９９７年

古代と大正昭和期は大陸との接点として栄えたはずなのに、いつからそう呼ばれ、国の裏側となったのか、住民の意識感情はどう推移したのかが解明されている。造語者は明治期の矢津昌永とされ北陸・山陰が裏日本として形成されるのは産業革命期における社会資本の格差的配置によるとする指摘は痛烈である。貧困故の満洲移住者を多く出し、また戦後は東北と共に太平洋ベルト地帯への人材供給地とならざるを得なかった歴史は悲しい。

『復路の哲学』

平川克美

夜間飛行刊　２０１４年

著者からはいつも昭和の香りが漂う。老いの迫る自分と照らし合わせてこの社会を読み解き、浮き彫りにしようとしている。ある年代に達した読者には懐かしさと、失ったものへの一種の悔悟を引き出してくれる。大田区の町工場で育ち、職人達と生活を共にしてモノづくりの意義を体で覚えている。企業経営の経験豊富でありながら、ここ数年父親の介護と臨終を体験した。著者の提起するグローバル資本主義への厳しい批判に共感する。

『陰謀の世界史』

海野　弘

文春文庫刊　２００６年

世界は陰謀に彩られている、と考えて想像を巡らすのは面白い。秘密結社フリーメーソン、裏側から世界を支配するユダヤ人、ＣＩＡと結んでいるヴァチカン、ケネディ暗殺の謎など、想像するだけでわくわくする。宇宙人やＵＦＯをめぐりエリア51・ロズウェル事件は興味をかきたてる。著者は冷戦時代と陰謀史観に関連があると見る。ＣＩＡとＫＧＢなど巨大な諜報機関が暗躍し、不安がかきたてられる。陰謀の種は何処にでもありそうだ。

『思索の源泉としての鉄道』

原　武史

講談社現代新書刊　２０１４年

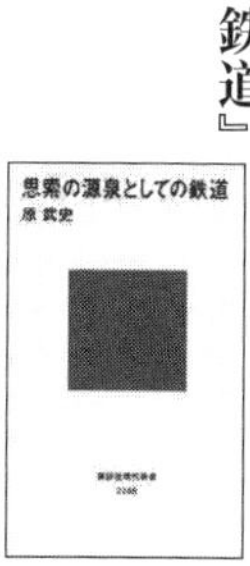

鉄ちゃんとして著名な政治思想史の研究者が綴る鉄道エッセイはますます快調。著者の関心の一つに天皇制と鉄道がある。前例にもれず御料車と神功皇后ゆかりの駅名を探っている。お召列車の運行は最近無いが、初代御料車は明治９年に製造され鉄道博物館に保存されている。３・11の大震災によって深刻な被害を受けた三陸鉄道への思いも読み取れる。数回に分けて開通した全線を乗り継ぎ、地方における鉄道の意味を記している。

『芥川賞の謎を解く』

鵜飼哲夫
文春新書刊　２０１５年

芥川賞にはあまり興味が無い、と言うより感動したことは無い。それでも本書から二つ感じた。一つ目はいずれも大家である選考委員の激烈な議論である。自分の文学観と人生観をかけており、選評も自負心が盛られ個性的である。二つ目は今を時めく村上春樹は勿論、島田雅彦、吉本ばななななどは受賞していないのに押しも押されもしない作家として活躍中である。選考とは難儀なものだ。果たして創設者・菊池寛が期待した新人は出たのだろうか。

『生きる技法』

安冨　歩
青灯社刊　２０１１年

どうにも掴みどころのない本だ。冒頭「自立とは多くの人に依存することである」との命題を示され、虚を突かれる。この手の命題を提起しながら、それの本質に迫る小命題を次々と示す。この論理展開に、いつの間にか頷いてしまう。逆説的な言い方をしながら、実はきわめて正当な証明の道筋を辿っていることがわかる。最後の命題「成長は、願うことで実現される」に達するころには、著者の術中にはまって納得する不思議な書である。

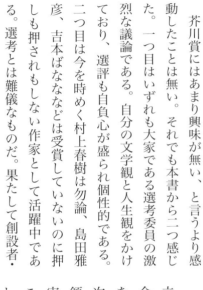

『行商列車』

山本志乃

創元社刊　２０１５年

行商とは懐かしい言葉だ。近鉄では、今も伊勢〜大阪間に行商専用の鮮魚列車が走っている。スーパーやネット通販での物資購入が普遍化しているが、産地と生産者の明確で新鮮な魚や野菜を買うことは、人と人のつながりが生きる顔の見える物流である。消費期限などとは別の五感に支えられている関係、との指摘は鋭い。正確な運行と専用車両で行商を可能にした鉄道の存在は大きい。昭和30年代青函連絡船のカツギヤさんが思い出される。

『コーランを知っていますか』

阿刀田　高

新潮文庫刊　２００６年

ユダヤ教、キリスト教、イスラム教は同根であることがよくわかる。旧約聖書、新約聖書でお馴染みの預言者達ノア、モーゼ、イエス（英語読み）もコーランには登場する。勿論モハメッドは別格である。山川草木すべてに神が宿るとし、宗教心の希薄な日本人にとって、一神教の苛烈さは想像の外にある。著者の達者な筆は、難解で繰り返しが多く前後の脈絡が不明確なコーランを砕けた話にしてくれる。阿刀田流イスラム解説書である。

『日本精神史 上』

長谷川 宏

講談社刊 2015年

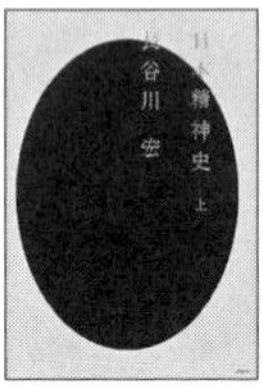

碩学《せきがく》の著者にふさわしい重厚さである。縄文の土偶、弥生の銅鐸《どうたく》から説き起こす。「源氏物語」「枕草子」の文学性の高さを評価する一方、貴族社会内でのみ成立していて庶民とは無縁であったことを指摘する。後段の仏教に関する数章は特に精彩を放つ。平安源平争乱期の壮麗な伽藍《がらん》、優美な或いは力強い仏像の仏教と、法然、親鸞、道元らの悟りと思索の仏教との対比に筆が及ぶ。ヘーゲル研究者である著者の読み解く日本人論である。

『寝台急行「昭和」行』

関川夏央

日本放送出版協会刊 2009年

新幹線にはさほど興味がない、電車よりも汽車だという。著者の追憶の中を昭和の長大編成の列車が疾走しているに違いない。廃止直前の寝台急行で九州に出かけ、関東の周縁に沿って列車を乗り継ぎ、東北のローカル線に挑む。用もないのに1等寝台に乗った鉄道マニアの内田百閒を彷彿とさせる。ほぼ絶滅した寝台列車、夜行列車には人生の匂いがする。鉄道は時代を乗せている。JRよりも国鉄に親しみを感ずる所以である。

『英語化は愚民化　日本の国力が地に落ちる』

施　光恒

集英社新書刊　２０１５年

水村美苗著「日本語が亡びるとき」に通底している。「翻訳」と「土着化」によって形成された日本の国造りの意義を評価し、国民の自立と誇り、文化にまで踏み込んで警鐘を鳴らす。Ｉだけの一人称と多彩な日本語の一人称の違いの意味は、民族性と社会性の違いである。他を思いやる心を育む豊かな言葉を、グローバル化の名のもとに英語化を進めるのは英米への従属化であるとの舌鋒は鋭い。英語化史観の過ちを暴いて余すところがない。

『サルタヒコの謎を解く』

藤井耕一郎

河出書房新社刊　２０１５年

サルタヒコは大国主と並ぶ国津神である。記紀によって隠蔽《いんぺい》されたその正体と、役割を追っていく。邪視によって邪を払い、食物を豊かにする神であった。天津神に圧迫されたその足跡は出雲から近江、三河、遠江、信濃などに色濃く残り、更に東北の女川、津軽、九州の宗像大社にも漁撈を通じた痕跡を指摘する。アメノウズメとの関係も面白い。地名と神社名などから残像を探求し、銅鐸に表象されるサルタヒコは古代史のロマンである。

『下り坂をそろそろ下る』

平田オリザ

講談社現代新書刊　２０１６年

企業経営に「縮小均衡」という考え方がある。身の丈に合った経営を、ということだ。右肩上がりの時代が終わり、経済規模も人口も減少傾向を辿っている現実に適応した国の在り方を探っている。著者は瀬戸内、四国など地方での実践に学びつつ、いくつかの教訓を引き出している。勝てなくても負けない街づくりを提唱し、文化政策の意義に筆は及ぶ。「地方消滅論」への有効な対抗軸になっている。平川克美の持論に通じる視点が心地よい。

『昭和の消えた仕事図鑑』

澤宮　優

平野恵理子・イラスト

原書房刊　２０１６年

子どものころ楽しみだった紙芝居屋、国鉄の駅で活躍する赤帽、市外電話をつなぐ電話交換手などは既にいない。言葉狩りによって名称変更の職業も数多い。消滅するは時代の流れであるのは理解するものの、仕事がその時々を表象することでもある。昭和40年大学入試の構内に並んだ電報受付が思い出される。合格発表まで滞在できない地方受験生へ「サクラサイタ・チッタ」を報じる学生アルバイトだった。電報は人生の機微を伝えていた。

『新・目白雑録 もっと、小さいこと』

金井美恵子

平凡社刊 2016年

批評精神とか批判の姿勢は斯くあるべき、と思わせる辛味に（時には悪意？）満ちた随筆集である。〝裸の王様〟の原著の意味、多用されがちな〝知の巨人〟の揶揄《やゆ》、ローマの休日におけるヘップバーン論にいたるまで、誤解誤用と知ったかぶりへの舌鋒は鋭い。胡散臭さを突っつく狷介さが発揮されていて実に面白い。終章のオリンピック批判は出色である。難を言えば文節が長いことと、よく挿入されるカッコ書きの補足が鬱陶しい。

『東国から読み解く古墳時代』

若狭　徹

吉川弘文館刊 2015年

群馬の榛名山麓から埼玉に連なる関東平野には多数の古墳が存在する。著者はそこをフィールドにしての調査研究によって前方後円墳、円墳など古墳と埴輪の形態、その大小による有力首長の存在と地位そして消長、中央との関係の変化を実証している。稲作などによる経済活動と高度な水利技術や陶器作成に渡来人集団の関わりを見、また百済救援の軍勢派遣にも応じた5世紀の東国の豪族と中央政権との関係をイキイキと描き出している。

❖理系の目、文系の感性

～揺れる学の独立～

『石の虚塔』
発見と捏造、考古学に憑かれた男たち

上原善弘

新潮社刊　２０１４年

先陣争い、骨肉の争い、下克上、同門の確執まるで戦国時代だが学閥、学歴などの要素を重ねると現代の考古学界のことである。日本に旧石器時代があったのか、あるとすれば前期旧石器時代は？ いつ誰が発掘発見するのかが焦点であった。アマチュア研究者相沢による岩宿《いわじゅく》遺跡の発見によりその存在が証明されたかに見えた。だが学界では新たな論争と対立の出発点となり、ついに東北の藤村による旧石器遺跡捏造《ねつぞう》に至る過程を解明する。

『生命誌とは何か』

中村桂子

講談社学術文庫刊　２０１４年

生命誌とは地球に生命が誕生し進化する過程を、ＤＮＡとそのシステムであるゲノムの働きから解明していくヒトから人間への発達の壮大な物語である。ゲノムには生命誕生以来の歴史が書き込まれている。この不思議を追求していくと宇宙の神秘にもつながる。著者は地球の歴史と共に歩んできた生命だからこそ、生き物全体を見渡した人間観・世界観を提唱している。科学技術の危うさを感じさせる今日、説得力に満ちている。

『東芝の祖 からくり儀右衛門』

林 洋海

現代書館刊 2014年

からくり儀右衛門こと田中久重が幕末に作製した万年自鳴鐘。平成16年に解体修理のため参集した現代の名工、技術者、研究者がその完成度の高さに舌を巻くところから話が始まる。時計機能に加え天体の動きや二十四節季などを表示し、ゼンマイで1年間動く驚きの性能であった。からくり人形から大砲・蒸気機関まで製作する技術力は、飽くなき探求心と天文学、数学、化学など最先端の学問を習得する努力により培われ後世に伝えられた。

『星に惹かれた男たち』

鳴海 風

日本評論社刊 2014年

古来暦は朝廷の権威を示すため下賜されていた。月、太陽など天体の動きを観察して吉凶、行事、農事などに役立てていた。月の運行が基本であったが、現実とのずれが拡大する。江戸期には古式に固執する朝廷陰陽寮と幕府天文方との対立が明確になる。暦は天文学数学を理解し、応用しなければ正確性を欠く。武士、貴族だけではなく和算家の活躍の場でもあった。当時の和算の水準は西洋数学に拮抗し、正確な地図作製にも役立った。

『文系の壁』

養老 孟

PHP研究所刊 2015年

オウム事件やSTAP細胞騒動などに共通して見られるのは社会性の欠如と哲学の不在ではないかと思っている。そんな疑問に答えてくれる対談集。規格はずれの解剖学者・養老が、気鋭の理系研究者・科学ジャーナリストと論じる理系の最先端は刺激的である。対談者である鈴木健の「国民国家も生命現象」という指摘、理研の姿勢に絡み須田桃子の「責任の所在があいまいな日本社会」とする判断は、科学的研究手法への問いかけとなっている。

『文学部の逆襲』

塩村 耕 編

風媒社刊 2015年

文科省は国立大の人文社会科学系学部の縮小廃止を言い出した。経済界の要請に呼応し、即戦力特に理工系の分野に特化すべきと。すでに文・教育学部などの再編を進めている国立大は多い。名大文学部では座視するのではなく、積極的に人文学の意義、有用性を訴えるシンポジウムを開催した。「人文学の学問は……思想や文化あるいはその歴史を考えていくところにある」とその本質を解明している。一読すべきブックレットである。

『地球を突き動かす超巨大火山』

佐野貴司

講談社ブルーバックス刊　２０１５年

昨年の御嶽山、今年は阿蘇山など火山の噴火が相次いでいる。地球の深部で何かが起きているのでは？　との疑問に答えている。太平洋プレートが沈み込む日本には海溝に並行して火山帯が形成され、火山列島になっている。約46億年の地球の歴史を遡《さかのぼ》り、生物種絶滅の謎にも迫る。地球を取り巻く中央海嶺(巨大火山)からは膨大なマグマが噴出し、プレートを押し出す原因となり大陸の生成移動を促している。壮大な地球史に圧倒される。

『いま、大学で何が起こっているのか』

日比嘉高

ひつじ書房刊　２０１５年

社会に閉塞感を感じる。権力による政策的な制約と、ヘイトスピーチに現れている攻撃的な風潮が相まって批判精神を封じようとしている。大学においてもそれが顕著になっている。文科省の大学政策が経済界の要請に応じ、ビジネスの用語に満ちていることに警鐘を鳴らしている。大学の授業への右派ジャーナリズムの介入、図書館の自由、生涯学習の変質などへの考察もある。強権的政治と教育・研究の自由の危機が重なる。

『文系学部解体』

室井　尚
角川新書刊　２０１５年

人文・社会科学は社会にとって本当に不要なのだろうか。経済界と文科省の大学への介入に、現場教師からの強烈な批判である。文系学部の再編縮小を迫る文科大臣通達により地方国立大学文系学部の解体と文理融合型学部への改編が進行している。哲学文学歴史学などの人文系学問は人間をかたちづくり、社会の基盤をなす。国家有為の人材養成を目指した明治以来の大学政策を辿り、旧帝大を頂点にした類型化による大学の退廃を憂える。

『私の１９６０年代』

山本義隆
金曜日刊　２０１５年

ある世代には著者の名は特別な響きを持つ。東大全共闘代表として責任を負い大学を去り、在野研究者の道を歩み「磁力と重力の発見」等を著し、揺るがぬ研究姿勢と力量を示している。安保闘争から東大闘争に至る自己形成の歩みと、東大内部の動きを淡々と語っている。帝国大学以来の国家に奉仕する東大の役割、科学と技術の欺瞞《ぎまん》性、大学自治の実態を抉り出してくれる。著者の思想の全てには共感できないものの身の処し方は見事である。

『宇宙は本当にひとつなのか』

村山　斉

講談社ブルーバックス刊　２０１１年

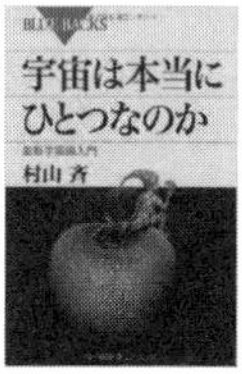

宇宙はどんどん膨張している。ではどこまで広がり、その先には何があるのだろう、そして地球の運命は？　疑問は限りない。この宇宙を構成しているエネルギーの、何と約96パーセントの正体はわかっていない。暗黒物質、暗黒エネルギーと称されるものは、他の宇宙から滲み出しているのではないか。数学と物理学の協働により解明されようとしている宇宙は、一つではないようだ。三次元空間に住む我々には想像しがたい時空があるに違いない。

『生命の星の条件を探る』

阿部　豊

文藝春秋刊　２０１５年

宇宙には地球以外にも生命が存在するに違いない。著者はこの確信から水、プレート、陸地、酸素を生命存在の条件として、最新の知見から可能性を探っていく。太陽系の外にある〝系外惑星〟が次々と発見され地球との類似が期待されるが、研究途上である。海惑星とされる地球はあと10億年で生命の存在できない星になり、むしろ陸惑星に生命が見つかり、しかも長く存在する、との指摘は衝撃的である。地球は果たして奇跡の星なのか。

『超ひも理論をパパに習ってみた』

橋本幸士

講談社刊 2015年

物質の最小単位は素粒子、それが3個で陽子になる。素粒子には重さが無いけれど陽子には重さがある。それは異次元の存在と関係しているという。素粒子はひも状らしく、開いている（両端がくっついていない）ひもは電磁気力、閉じた（くっついている）ひもは重力をなす。さらにブラックホールにまで話が及ぶ。謎が謎を呼び、迷宮に落ちていく感じがする。複雑な数式も出てきて、飛ばして読むに限る。物理学者の頭は謎に満ちている。

『「坊っちゃん」の通信簿 明治の学校・現代の学校』

村木 晃

大修館書店刊 2016年

坊っちゃんが現代に出現したらどんな教師になったのだろう。そんな想像をさせてくれる快著。明治初期からの学制の変遷を現代につなげながら、教育政策・教師気質の違いや学歴による教師間の身分・給与の差もよくわかる。坊っちゃんの経歴と無免許教師だったことも解明しており、下女清との疑似親子関係も含め漱石の教師体験と生育環境が色濃く投影しているのも興味をひく。街鉄の技手になった彼の暗示するものは何か？ 気になる。

『中谷宇吉郎 雪を作る話』

中谷宇吉郎

平凡社刊 ２０１６年

高名な雪の研究者は同時に優れた文筆家でもあった。厳寒の十勝岳山中での雪の結晶写真撮影の体験記は地道な積み重ねである研究の苦労がわかる。戦時中に隆起した昭和新山を踏査した物理学徒の自然への畏敬の念と人界に無い美しさを賛美する姿勢はあくまで謙虚である。面白いのは線香花火についての考察があり、立春には卵が立つとの俗説を解明する一章ありと謹厳な世界的学者とは思えぬ洒脱《しゃだつ》な側面を見せてくれることだ。

『研究不正』

黒木登志夫

中公新書刊 ２０１６年

真理と事実に謙虚であるべき研究者が実験結果を操作し論文のねつ造、改竄、盗用などに手を染める。著者は世界の42事例を詳細に検討し、経緯とその背後にも目を配る。地位と名誉への渇望、研究資金の獲得、成果への圧力などが大きな理由になっている。世界的に医学・分子生物学分野での不正が多いという。ＳＴＡＰ細胞問題など日本が研究不正大国になったことを歎じ、研究者と研究機関の不正に対する鈍感さに警鐘を鳴らしている。

〈初出〉

▽「図書館の世界を広げるために―「できる司書」への期待―」
全国社会教育職員養成研究連絡協議会紀要「社会教育職員研究」第14号（2007年5月12日発行）に掲載の「図書館職員の『教養』序説』を書き直し改題した。

▽「図書館は世相を映す」
山梨県甲府一高同窓会同人誌「あしあと」第3号（2004年12月25日発行）に掲載の「図書館あれこれ」を加筆修正し改題した。

あとがき

最後まで読んでくださり有難うございました。私が日頃考えていることや忘れてはならないこと、気にかかることなどを思うままに綴ってみました。

ほぼ10年前に鶴ヶ島市立図書館長を退職し、晴耕雨読とまではいきませんが、それなりに気ままに日々を送ってきました。名刺や肩書とは縁の無い生活からは世間が違って見えます。図書館は一市民として近隣の3館を利用しています。その図書館と職員は、元図書館員の目からは自分たちもこのように見えていたのか、と今更ながら興味深いものがありました。玄関をくぐった瞬間の雰囲気、職員の応対、書架整理の状態、新刊書の入り具合などはそれぞれよく言えば個性的、或いはそれなりでありました。

「人のふり見てわがふり直せ」この警句が遅まきながら頭に浮かびます。多くの市民に本を読んでほしい、情報に敏感になってほしいと願って仕事をしてきたつもりですが、むしろ職員自身が良き図書館利用者であるべきと痛感させられます。

そんな思いも込めてのエッセイ、書評、書き溜めた小文を本書にまとめてみました。この本ができるまでには、多くの先達、友人、知人の導きがありました。

畏友である前埼玉県立熊谷図書館長の乙骨敏夫さんが心に染みる一文を寄せてくださいました。望外の幸せです。

エッセイを書くよう勧めてくれた児童書のエキスパート大井むつみさん、身近で相談相手になってくれた元ふじみ野市立図書館長の秋本敏さん、冷静に図書館の在り方を示し校閲してくれた元塩尻市立図書館長で図書館情報学研究者の内野安彦さんに深く感謝します。

郵研社の登坂社長と編集スタッフの皆様には広げた風呂敷を見事に畳んでくださりお世話をかけました。お礼申し上げます。

おわりに、今日まで支えてくれた妻、多文化教育研究者の立場から的確な示唆をしてくれた息子、いつも明るく励みになった娘に深い感謝をささげます。家族の存在が本書になったものと思っています。

２０１６年９月

著　者

タ

ナ

ハ

マ

ヤ

ラ

ワ

本の索引

若園義彦（わかぞの　よしひこ）

1947 年北海道釧路市に生まれる。
1965 年北海道立釧路湖陵高校卒業。
1969 年早稲田大学教育学部卒業。
主に社会教育の仕事に従事、1970 年代半ばから
80 年代にかけて若園建設株式会社役員を務める。
元富士見市公民館長、社会教育課長。
元鶴ヶ島市立図書館長。

図書館長《としょかんちょう》の本棚《ほんだな》

～ページの向こうに広がる世界～

2016 年 11 月 1 日　初版第 1 刷発行

著　者　若園　義彦　ⓒ WAKAZONO　Yoshihiko
発行者　登坂　和雄
発行所　株式会社　郵研社
〒 106-0041　東京都港区麻布台 3-4-11
電話（03）3584-0878　FAX（03）3584-0797
ホームページ http://www.yukensha.co.jp
印　刷　モリモト印刷株式会社

ISBN978 4 907126 06 3　C0095
2016 Printed in Japan